你不是迷茫，而是自制力不強

影響全世界無數人的哈佛大學行為管理課！

生活中你該整理的不只是周遭環境，還有你的心靈！

28天＋7個練習

讓專家教你訓練自制力，保證人生不再沒方向！

菲爾圖 —— 著

序

別灰心，你的生活只是剛剛開始

大多數人認為，他們不成功的原因是自己的目標感不強，而且運氣不佳。

我在大學剛畢業的時候也是這樣，總是感覺找不到成功的狀態，在兩年之內換了十份工作，住在市郊的一棟破公寓裡。

說起那段時光，既壓抑又丟人。

我吃最差的速食，每天下班之後窩在沙發裡打開電視，看一些無聊的肥皂劇，喝一點啤酒，然後昏昏沉沉地睡覺，很多時候，我睡著的時候電視還是開著的。

在公司裡，我總是抬不起頭，無論換了哪份工作，我都是辦公室裡最底層的人，我不敢正視上司的眼睛。

一九八二年的夏天，我記得我在一家大型電器製造公司裡工作，那是我畢業之後的第五份或是第六份工作，我遇到了一個很好的上司——道森先生。他五十多歲，風度翩翩，總是給我很多鼓勵和幫助，我內心對成功的期望好像被點燃了。

在那段時間裡，我開始努力地工作，忘記了生活的艱辛，並一度十分積極地去擴展自己的能力。

但是，命運總是喜歡捉弄你。

公司由於銷售欠佳而決定裁員，是的，我就是第一批被裁掉的人的其中一個。道森先生無奈地把我叫到他的辦公室，告訴了我這個不幸的消息。

不知道你是否能體會那種感覺？

當你稍有鬥志去做一些事情時，當你正準備告別黑暗迎接黎明時，一切卻全都朝著你不希望的方向發展。

我只能重新開始投履歷、面試，計算著我還有多少錢，能撐多少天。

那段時間裡，我基本上就是忙著找工作、工作和被炒魷魚。所有的應酬我幾乎都推掉了，因為我混得實在不好，而且我沒有錢。

有一天，我下了班，一個人在路上麻木地走著，忽然聽到有人喊我的名字：「菲爾圖！」

我扭頭一看，原來是那位我唯一碰到過、對我微笑的上司。

「嗨，道森先生。好久不見了！」我不會忘記任何一個對我好的人。

「孩子，最近過得怎麼樣？」

「馬馬虎虎吧。」

「走吧，如果你晚上沒有事的話，我請你喝兩杯。」道森先生很熱情。

「好的。」

拐過兩條街，有一個很小的酒吧，我們找了個位子坐下，道森先生要了一些威士忌，而我點了啤酒。我們開始聊一些生活上的事，我把內心的壓抑和迷茫跟道森先生說了。

道森先生聽完，對我說：「菲爾圖，我能理解你的處境，但是，我一點也不會同情你。」

他的話讓我很詫異。

道森先生接著說：「孩子，如果你聽我說完我的故事，你就知道為什麼了。」

我點點頭，道森先生喝了一口威士忌，跟我講他的經歷。

原來道森先生並沒有讀過什麼書，他在德克薩斯州的一個偏僻農村裡長大，但是他並不甘心一直當個農民，於是就帶著二百美元，一個人坐著火車來到了芝加哥。

生活就是這樣，他到了芝加哥，不認識任何人，為了生計，他開始四處找工作，但翩，總是給我很多鼓勵和幫助，我內心對成功的期望好像被點燃了。

在那段時間裡，我開始努力地工作，忘記了生活的艱辛，並一度十分積極地去擴展自己的能力。

但是，命運總是喜歡捉弄你。

公司由於銷售欠佳而決定裁員，是的，我就是第一批被裁掉的人的其中一個。道森先生無奈地把我叫到他的辦公室，告訴了我這個不幸的消息。

不知道你是否能體會那種感覺？

當你稍有鬥志去做一些事情時，當你正準備告別黑暗迎接黎明時，一切卻全都朝著你不希望的方向發展。

我只能重新開始投履歷、面試，計算著我還有多少錢，能撐多少天。

那段時間裡，我基本上就是忙著找工作、工作和被炒魷魚。所有的應酬我幾乎都推掉了，因為我混得實在不好，而且我沒有錢。

有一天，我下了班，一個人在路上麻木地走著，忽然聽到有人喊我的名字：「菲爾圖！」

我扭頭一看，原來是那位我唯一碰到過、對我微笑的上司。

「嗨，道森先生。好久不見了！」我不會忘記任何一個對我好的人。

「孩子，最近過得怎麼樣？」

「馬馬虎虎吧。」

「走吧，如果你晚上沒有事的話，我請你喝兩杯。」道森先生很熱情。

「好的。」

拐過兩條街，有一個很小的酒吧，我們找了個位子坐下，道森先生要了一些威士忌，而我點了啤酒。我們開始聊一些生活上的事，我把內心的壓抑和迷茫跟道森先生說了。

道森先生聽完，對我說：「菲爾圖，我能理解你的處境，但是，我一點也不會同情你。」

他的話讓我很詫異。

道森先生接著說：「孩子，如果你聽我說完我的故事，你就知道為什麼了。」

我點點頭，道森先生喝了一口威士忌，跟我講他的經歷。

原來道森先生並沒有讀過什麼書，他在德克薩斯州的一個偏僻農村裡長大，但是他並不甘心一直當個農民，於是就帶著二百美元，一個人坐著火車來到了芝加哥。

生活就是這樣，他到了芝加哥，不認識任何人，為了生計，他開始四處找工作，但是找了很久，都沒有一家像樣的公司接受他——因為他只有小學學歷，一口德州鄉音，沒有任何的工作經驗。

當時，道森先生的錢快花完了，沒有辦法，他硬著頭皮去餐廳問有沒有刷盤子的工作。有家小餐館正好缺人，道森先生就開始上班了，當時的薪水只有一小時一美元。

就這樣，道森先生開始靠刷盤子養活自己，但是薪水太少，於是他又找了另外一家二十四小時營業的便利商店做夜班收銀員，就這樣一天打兩份工，道森先生勉強能在芝加哥活下去。

生活的無奈並沒有讓道森先生沉淪下去，當生存問題已經解決之後，他決定改變自己的命運。他知道芝加哥大學有一些社會課程可以申請，於是他鼓足勇氣去申請了。為了能順利通過申請，道森先生只好在申請文件上撒了個謊，說自己是高中畢業。

好在當時這些社會課程的審核並不嚴格，道森先生申請到了企業管理方面的課程。但現實的問題又來了，這份課程需要交一筆不小的費用，而且考試不通過不給任何的證明，也不會給你重新學習的機會。

這讓道森先生感到了前所未有的挑戰。但是他覺得這是他為數不多的機會，於是他下定了決心，跟自己認識的所有人借了錢，湊足學費。為了早點還錢，他只能又打一份工，在住所旁邊的一家咖啡館上早班。

就這樣，道森先生早上做咖啡，中午刷盤子，晚上值班收銀。只要有時間，他就看書準備。那段日子裡，道森先生即使生病了也不敢休息，晚上在便利商店值班的時候，因為太睏了，經常坐著就睡著了，頭一下砸在收銀臺前的玻璃上，自己才驚醒過來。

很快，芝加哥大學的課程開課了，道森先生開始拚命地學習，但這些課程對於只有小學程度的他來說並不容易，有很多詞他都很難理解，他只好一邊翻字典一邊學，逐漸地，他補上了自己落下的課程，並在最後的考試中順利通過，獲得了芝加哥大學的學位。

日子就這樣慢慢好了起來。道森先生拿到學位，他的債務也通過打工還清了，他開始面試一些大的公司，逐漸擁有自己的事業。

道森先生講完他的經歷，眼眶有些濕潤地說：「孩子，你要知道，我在芝加哥生活的第一年，比你困難和迷茫得多。你讀過大學，你這麼年輕，找工作比我當時要容易得太多了。你的生活只是剛剛開始。」

我點點頭。或許是我把自己的感受放到了第一位，而無法真正改變自己。

道森先生最後說：「當你看不到方向的時候，你要做的就是先活下來，然後提高自己。當你有了方向的時候，你要做的就是拚盡你的全力。但無論怎樣，你都需要自制力。我在芝加哥的第一年，沒有浪費過時間在那些可有可無的事上。即使後來我真正工作了，我每天晚上也會抽出時間寫工作總結和學習。」

那一晚，道森先生的話徹底改變了我。

回到家，我給自己制訂了一個計畫，這個計畫包括學習上的、工作上的和財富上的，我用很大的字把它寫在一張紙上，貼在夜夜陪伴我的電視機上。以至於我每次想靠肥皂劇打發夜晚時光的時候，我就會看到那張紙和我的計畫，轉而就去看書和學習了。

過幾年，我已經成為了一家公司的管理者。

現在，我經常對我的朋友和學生說：「生活比你想的複雜，也比你想的簡單。」為什麼呢？你總是想著自己有怎樣的天賦、用什麼樣的方法能取得成功，但卻不能有效地控制你的生活和時間，最後你的想法永遠不會得到實現，你缺的就是自制力。

當然，並不是所有人天生就有好的自制力，我在二〇〇〇年之後發現了這個問題。因為自制力一方面取決於你天生的意識水準和長期的性格塑造，另一方面也需要技巧來幫助你提升。於是，我開始研究自制力和意志力，研究意識與潛意識，然後我發現我的研究幫助了很多人。

既然自制力幫到了道森先生，改變了我，所以我相信，它也一定能幫到你。

目錄

第一章　你的迷茫，皆因自制力不強

第二章　打敗干擾，從拖延和懶惰中走出來

第三章　掌控思想——自制力的核心力量

第四章　扭轉情緒，保護你的自制力

第五章　使用自制力，掌控你的時間和生活

第七章　使用自制力，開啟新的人生體驗

第一章

你的迷茫，皆因自制力不強

洛杉磯凌晨四點是什麼樣子

很多人問過我這個問題：「如何才能快速地成功？」

我往往會反問這些提問者：「當誘惑出現時，你是否能夠管住你自己？」

被我反問的人往往低頭不語，因為他們並不知道自己是否擁有強大的自制力，或是他們根本就是缺乏自制力的人。

無論在什麼地方，都有無數的年輕人，他們渴望獲得巨大的成功，他們希望自己能夠走上財富自由之路，他們盼望自己能成為某一領域裡的頂尖人士。但是，他們卻連自己的行為都管不住，這和心智不成熟的孩子沒有太大區別。

我的表弟埃爾文，他在很小的時候就表現出過人的繪畫天賦，包括他父母在內的身邊所有人都希望他能夠繼續發展自己的才華，並把他送進了藝術學院。但是從藝術學院畢業之後，埃爾文出了一點問題。他對美術和藝術的興趣減弱了，他覺得終日與畫筆打交道太枯燥了，轉而瘋狂地迷戀起音樂來。

埃爾文索性停止了繼續追求繪畫藝術的步伐，開始組建自己的樂隊。

但遺憾的是，幾年過去了，他的樂隊依舊沒有太大的起色，家裡人怎麼勸他都毫無效果。再到後來，埃爾文放棄了對音樂的追求，又轉而熱衷起手工藝。他花了很長時間研究如何製作小的工藝品，並把這些作品放到網上去賣。很遺憾，很少有人問津。於是，他又在尋找別的感興趣的事了。

像埃爾文這樣的年輕人非常多，他們都有一個共同的特點——就是過著像「跳蚤」一樣的人生，今天想起什麼就去做什麼，哪天覺得不合心意或看不到希望，就轉行去做別的。

其實這樣的方式是很難讓一個人成功的，到最後，這些「跳來跳去」的人還是找不到方向，最終淪為得過且過的人。那麼，你是這樣的人嗎？

很多人都有一個錯誤的「幻覺」，覺得自己現在的平庸和無為，是因為沒有找到對的路，是自己的大方向錯了，所以才會不成功。但其實這些人都忽略了一個嚴重的真相——**你的成功不需要你有太大的興趣，只需要你有一定的天賦，有自己的目標，另外就是要有自制力，這三樣缺一不可。**

你一定喜歡「小飛俠」柯比·布萊恩的表現，這位通過一九九六年NBA選秀進入夏洛特黃蜂隊的巨星，在他長達二十年的職業生涯中，共獲得NBA五座總冠軍，十五次入選NBA最佳陣容，兩屆總決賽最有價值球員，可以說他是我們這個時代最有影響力的運動員之一。

將近兩公尺的身高，是柯比能夠從事籃球這項運動的天賦。他從小就深受父母的影響，喜歡洛杉磯湖人隊，也崇拜魔術強森，柯比希望自己能有朝一日成為NBA大聯盟的球員，這是柯比的目標。

你要知道，在美國，從事籃球這項運動的年輕人多得數不清，也有很多有天賦的孩子從小就開始打球，大家都夢寐以求進入NBA成為巨星，過上呼風喚雨的生活。但是為什麼只有很少的人，像柯比·布萊恩、賴瑞·柏德、麥可·喬丹這樣的人成為了真正的成功者呢？

答案是自制力。

有記者採訪柯比：「你為什麼這麼成功？」柯比反問記者：「你知道洛杉磯凌晨四點是什麼樣子的嗎？」記者搖搖頭說：「不知道，是什麼樣子的？」

柯比笑著說：「其實我也不太清楚，大概是漫天的星星，行人很少。我只知道每天凌晨四點，我就起床行走在黑壓壓的洛杉磯街道上。一天過去了，洛杉磯的黑暗沒有絲毫改變；兩天過去了，黑暗依然沒有半點改變；十多年過去了，洛杉磯街道凌晨四點的黑暗仍然沒有改變。但我卻已經變成了肌肉強健，有體能、有力量，有著很高投籃命中率的運動員。」

現在你明白了嗎？具體來說，柯比一直在堅持自己的「六六六魔鬼訓練」：每週六天，每天六個小時，每次六個階段。假期每天四千次投籃訓練，深蹲四百次、臥舉三百次。當別的球員在聚會、度假時，柯比在訓練。

你覺得這是對籃球的熱愛？錯，這是自制力，是一種典型的自我約束能力。沒有這種自制力，職業球員的運動壽命會非常短暫，或許只有三五年。

可能還有人記得尚恩．坎普，他曾經是NBA著名的「扣將」，他在最初的賽季讓人眼前一亮，每場能得二十分以上，很多人都覺得他前途無量，甚至能成為俠客歐尼爾、喬丹那樣的人物。但是幾個賽季之後，大家就在場上看不到他了，他無節制的生活讓他變得肥胖，運動能力下降得很快，最後，他早早地結束了職業生涯，更慘的是他還宣告了破產。

人們總是希望自己找到正確的道路，發揮自己的優勢，但是卻從來不去思考自己擁有怎樣的自我管理水準。**你之所以時常感到迷茫，是因為你無法管理你自己，你不能做**

到自律，而沒有自制力的人顯然是缺乏耐心的。

當你缺乏耐心時，最明顯的變化就是——你會對眼前的工作和生活失去信念，你會感到沮喪和徬徨。在你還沒能體會到實現小目標的成功和快樂時，你就已經開始要放棄你過去的努力了。

所以，我希望諸位能夠注意到一點，缺乏自制力的人有個顯著的特點就是「經常否定自己」，當你也存在這樣的情況時，你必須做出改變，否則你的自信心將會逐步缺失，人生會朝著你無法控制的方向發展。

沒有自制力，信心逐步缺失

為什麼戒過一次香菸的人，想要再戒掉會變得很難？

為什麼減肥成功過的人，體重變胖後，再減肥會難上加難？

我們的自制力，就像肌肉，當你為了實現某一目標而鍛鍊它時，它會變得強壯，而過了一段時間不再需要它時，它就會變得鬆懈和軟弱。當你想要再為了同樣的目標而把它練得強壯，你需要花費更大的力氣和決心。

為什麼是這樣呢？因為你的心理發生了變化，你的潛意識裡會埋下「失敗」的種子，它會不斷衝擊你的意識，讓你行動起來更艱難。你會需要重新增強自制力，直到超過自己之前的自制力水準，這確實很難做到。

一旦難以做到，你的信心就會受到打擊，於是你會變得更沒有自制力。

貝拉二十歲的時候，身高一百七十公分，體重八十公斤。漂亮的時裝她是不可能穿了，只能跟媽媽一樣，去買特別訂製的大號女裝，這讓她成了別人的取笑對象。貝拉下定決心減肥，經過半年多時間的努力，她成功地將體重減到了六十公斤，這對她來說是一個巨大的突破，她覺得自己好看了很多，事實上也真的是這樣，於是，她開始談戀愛了。

可好景不長，二十二歲時，她嘗到了失戀的滋味，這讓她陷入了極大的痛苦中，她通過頻繁的社交和不斷地吃美食來緩解心情。但情況變得更糟，她的體重又迅速增長了起來，幾個月的時間又回到了八十公斤，甚至比之前更胖。

這種糟糕的情況持續了一段時間，她開始求助心理醫生，醫生幫助她走出失戀的痛苦，並重新喚起她對生活的積極態度，她決定再次減肥。

但當她又一次開始減肥的時候，她明顯感覺到，這回好像更難，她既不能抵制住美食的誘惑，又不能按照計畫充分地鍛鍊。幾個月過去了，體重並沒有達到她理想的目標。

她找到我，希望我能夠給予她幫助，我們進行了一次面對面的溝通。

「貝拉，這次減肥的過程中，妳沒有很好地控制住自己，對嗎？」

「是的，我也不知道為什麼，我好像對自己沒有信心。越是減肥，我越想吃東西，我知道這樣做不對，但是我控制不住自己。」

「妳為什麼會感覺到沒有信心呢？」我很想知道問題的根源。

「嗯，或許是我沒有做好減肥的準備吧，我甚至一步都不想踏上那臺跑步機！」貝拉說。

「不，那不是問題的根源，妳再想想，有哪些念頭讓妳對自己降低了要求。這對我能否真正幫到妳很關鍵。不用著急，先想一想然後再告訴我。」我起身給她端來一杯茶。

貝拉想了幾分鐘，然後鼓起勇氣對我說：「不知道是不是因為這個原因，當我要去進行減肥訓練的時候，我總是在想，『貝拉，就算妳瘦下來又能怎樣，妳還不是被男人拋棄』，這個念頭在我腦海裡不斷浮現，我覺得自己缺乏動力。」

「是的，我瞭解到妳曾經減肥成功過，並談了一場戀愛，然後失戀了。孩子，很少有那種談一次戀愛就成功的事情發生，人們總是在相互接觸中最終找到適合彼此的那個人。」我安慰她說。

「是啊，我的心理醫生也是這麼說的，我也想通了很多。」貝拉點點頭，然後突然想起了什麼：「哦對了，還有一點，我的父母都有肥胖的基因。我第一次減肥成功後，沒想到自己那麼努力才減下去的體重，會那麼容易就回來，都是基因的錯，但是我不能抱怨我的父母對嗎？我總是覺得，我擺脫不了那種肥胖的『宿命』。」

「當然，妳應該時刻感激父母把妳帶到這個世界，讓妳能享受生活。痛苦，本身也是一種生活的體驗，對嗎？不要著急，我相信我可以幫妳再一次戰勝自己，妳現在需要做的，就是把我當成妳的朋友，分享妳的感受。」我很喜歡這個單純的女孩。

在和貝拉的溝通過程中，我明白了她第二次減肥失敗的原因。這是因為，受失戀的影響，她把自己第一次減肥的成功也視為一種失敗，當她體重恢復到減肥之前時，她的潛意識中就埋下了「失敗」的種子，並給自己設置了障礙。

當她再次進行減肥計畫時，她的潛意識會不斷地跳出來告訴她：「貝拉，妳看妳，就算減肥成功也一樣被人拋棄，而且，妳天生就是肥胖者的命，別再白費力氣了！」

而她第一次成功減肥的過程中，這種潛意識存在嗎？並沒有。所以要想再一次減肥成功，她必須戰勝自己負面的潛意識，而這需要有比之前更強大的自制力，可是她沒有。於是，無助的她忍不住批評自己，終於，放棄了自己。

一個洲際健美冠軍曾經對我說過這樣一段話：「若想保持狀態，唯有每天堅持訓練。一旦有所鬆懈，肌肉變得不堅挺了或走樣了，再想恢複回來，就需要比之前強三倍的訓練量！所以對於我們這些從事健美的人，除了練就好身材以外，更重要的是保持住好身材。」

自制力也是這樣，當你有強大的自制力時，它會帶給你美妙的心理體驗：「是的，我能控制自己，一切都在我的掌握之中。我是了不起的！我是最棒的！」於是，你享受著它給予你的快樂和榮譽。

然而，缺乏自制力的你，不會有這種人生狀態。真正的自制力是思維的堅定和強大，假如自制力薄弱，會給人帶來恐懼感。一切事情的發展都是失控的，你的人生狀態特別糟糕，你沒有信心改變這種狀況，你更沒有辦法驅除內心的無力感。這樣的你，怎麼可能不迷茫呢？

情緒失控也是因為自制力不夠

像波茲曼[1]那位天才一樣，因為情緒失控一次次想要殺死自己並且最終成功的人，可能不多見。但是，在鏡頭面前因為情緒失控而失態的公眾人物，我們都見過。因為情緒過於激動而突然發火、大嚷大鬧，甚至歇斯底里的人，可能你也是其中一個。冷靜下來以後，我們會覺得羞愧：「我的天啊！為什麼會發生這樣的事情？」

是的，重點是，這樣的事情為什麼會發生。你原本是「達西先生[2]」，怎麼突然變成了「羅徹斯特[3]」？喪失理智，情緒失控，根源都在自制力。

沒錯，是自制力不夠強。

當哈里斯再一次衝著「隔壁辦公室那位紅頭髮的女人」咆哮以後，他沮喪地找到我說：「我把事情弄得一團亂。我已經發誓不再理會她的粗魯無禮，可是沒能忍住，我又大發雷霆了。也許這是上帝的安排，讓我看到自己有多麼糟糕。」

我跟他說：「哈里斯，假設你現在特別需要這份收入不錯的工作，而那個你口中的紅頭髮女人，是你的上司，她心胸狹隘，很有可能因為你的無禮而裁掉你。那麼，你還會發脾氣嗎？」

他想了想，誠懇地跟我說：「不知道，可能不會吧。」

我笑了：「的確，我們都不知道。但是哈里斯，從你的猶豫和思考中我們都能看出來，在那個女人面前，你並沒有足夠努力控制自己的情緒，其實你可以做得更好。所以也許這是上帝的安排，讓你知道自己在控制情緒方面存在問題。」

事實上，我們的情緒總是傾向於絕對。情緒的出現很正常，你甚至根本意識不到。但情緒反應不一樣，它不是無緣無故自然發生的，但也不是深思熟慮的結果。

舉個例子，你最近瘋狂迷戀的那個美女不小心灑了你一身咖啡，你的反應是什麼？肯定是「沒關係沒關係，我擦擦就好了」，你甚至還會為有機會和她搭訕而欣喜。但假

1 路德維希．波茲曼：奧地利物理學家、哲學家，最重要的科學貢獻是分子運動論。晚年精神狀況欠佳，有嚴重抑鬱和自殺傾向。一九〇六年於度假時，因情緒失控自縊身亡。

2 達西先生：珍．奧斯汀的著名小說《傲慢與偏見》裡的男主角簡稱。一開始被描繪得冷漠而薄情，但最後被揭開真相為一位真誠、有雅量，且富同情心的紳士。

3 羅徹斯特：十九世紀英國文學名著《簡．愛》的男主角。他是桑費爾德莊園的主人，性格陰鬱、喜怒無常，經常與女主角簡．愛為某種思想而辯論。

如是一個你本來就討厭的人呢？比如哈里斯口中「那個討厭的紅頭髮女人」，這時候，恐怕你就不會那樣友好了。

所以，事情發生的時候，出現什麼樣的情緒，這幾乎是一種本能。但我們會有怎樣的情緒反應，取決於你對結果的判斷。你不必感到羞愧，這是很自然的。我們會顧慮到發洩情緒所導致的後果，並隨之調整自己的情緒。情緒幾乎必然會引發某種響應，但我們會適時調整反應的強度，一貫如此。

但是，這只是正常情況。非正常情況下，也就是情緒失控時，就不是這樣了。你的理智告訴你，用頭撞牆或者摔碎新買的漂亮杯子是不明智的，可是當自制力不夠，你無法控制自己的情緒時，依然會選擇這麼做。

情緒會失控，是失去了什麼的控制呢？自制力。情緒總是會驅使我們採取某種反應方式，尤其是那些激動的情緒。是採用過激行為，還是平靜對待，這由你的自制力決定。

老實說，在我看來，偶爾情緒失控是非常容易理解的，它會讓你顯得可愛。我喜歡的一名女歌手夏林．瑪麗．馬歇爾，也就是「貓女魔力」，經常在舞臺表演現場情緒失控。有一次，在一間滿是小學二年級學生的教室裡表演時，馬歇爾感覺很不自在，再一次地情緒失控，當著孩子們的面哭訴：「我把自己最隱私的祕密都說出來了。生活如此艱難，一天接著一天，它只是變得越來越糟。」而一個小女孩對此評價道：「這位女士讓我感到傷心。」

這些失態行為並不影響人們對她的喜愛，原本她的力量也來自某種前所未有的真誠。因為她是藝術家，是創作者，你知道的，人們對藝術家總是會有更多耐心，他們原本就和常人不一樣。但你不是藝術家，不能享受這個待遇。

在這個文明的世界裡，脾氣暴躁被認為是人類較為卑劣的天性之一，人要是發脾氣，就等於在人類進步的階梯上倒退了一步。這話不是我說的，是達爾文。

如果發脾氣就等於倒退了一步，那情緒失控呢？簡直像是回到了原始時代。雖然這是一種單純到難以置信的本真狀態，但，卻不是值得鼓勵的。因為，能不能在這個世界占上風，取決於你的自制力。

失去自制力，你會無數次放棄

在我們與這個世界的較量中，我們常常會聽到類似於「我不行了」、「我無法再堅持下去了」這樣的話。無論是在芝加哥還是在巴黎，無論是在里約還是首爾，不同地方的人會通過網路發出類似的感慨——他們在做某件事的時候撐不住了！

一位經理人因為覺得團隊不夠信任他，主動提交了辭呈；

一位舞蹈演員因為覺得訓練條件太差，選擇到餐廳當一個服務生；

一位國中生因為新出的遊戲，中斷了自己拿A的學習計畫；

一位女士因為實在抵制不住美食的誘惑，放棄了自己的減肥計畫；

……

是的，這些人，他們撐不住了。

從他們的角度和說話的語氣來看，讓他們中途放棄一件事情、一項計畫的根本原因，全部是因為外部的世界、其他人、誘惑等等，而沒有從自身的角度去考慮，到底問題出在了哪裡？

世界每天都在運轉，太陽東升西落，你身邊的人匆匆走過，沒有一件事、一個人告訴你應該終止自己的計畫，停止自己前進的腳步。而只是你，從這些外部的因素中尋找到理由，逃脫壓力和疲憊，放鬆自己，問題在你自己身上。

並不是你的身體撐不住了，而是你的自制力撐不住了，我們被自己薄弱的自制力打敗了。仔細想想，很多時候你放棄一項工作，其實你內心深處並不想那樣，但是你薄弱的自制力讓你「舉了白旗」，宣布了投降。就這樣，你一次次品嘗著失敗的滋味。

安德森是一位有著十餘年菸齡的重度吸菸者，他曾經試圖戒菸，但堅持了不到一個月的時間就放棄了。最近，他每天早上被咳嗽折磨得十分難受，並且婚姻也亮起了紅燈。他找到我，我們先聊了聊他的戒菸經歷。

關於那次失敗的經歷，他是這樣對我描述的：「開始戒菸的第一週，我很痛苦，當菸癮犯了的時候，我覺得自己就像熱鍋上的螞蟻，我只能通過不斷地嚼口香糖和喝水來轉移注意力。」

「這很好，安德森。」我點點頭。

「第二週，菸癮發作的情況稍微好了一些，我嘗試用工作來轉移注意力，不過當我完成一項工作的時候還是很想抽上一口，你知道那種感覺嗎？」

「我非常清楚那種感受。」我在想，這個人如果真如他所說的那樣，也是有一定自制力的人。

「到了第三週，我感覺自己的菸癮已經沒那麼嚴重了，或許真像有的書裡寫的，二十一天的時間可以戒掉一個習慣。」安德森喝了口咖啡繼續說：「但是當我覺得自己已經可以抵制住香菸的誘惑時，看到同事在舒舒服服地吸菸，我的心動搖了一下。」

「哦，是嗎，你當時是怎麼想的？」

「嗯，我在想，既然我已經基本上戒掉了香菸，那麼我完全可以偶爾抽上一根，和同事聊聊天，讓自己在壓力很大的時候放鬆一下，反正我也戒掉它了。於是那天上午，我走到正在吸菸的同事面前，他們當然很主動地掏出香菸說：『安德森，要不要來上一根？哦，對不起，我差點忘記了，你戒菸了。』」

「是的，我戒掉了。」安德森猶豫了一下，但看到同事的手想要收回香菸，他趕緊補充道：「可是偶爾來上一根，和大夥兒聊聊天也未嘗不可嘛！」

說完，他笑嘻嘻地接過香菸，然後點上一根。因為好久沒吸菸的緣故，抽上一口就差點暈過去，「那感覺可真沒有當年抽菸的時候那麼舒服！」

一個下午，安德森都在想著上午的那口菸，有時候覺得抽菸居然是那麼讓人不舒服的事，有時候又覺得自己戒菸是多麼正確。但無論怎麼想，他說他的意識總是在想著吸菸的事。在廁所，他又遇到了吸菸的同事，「為什麼不再一次證明吸菸是多麼地難受呢？」安德森心裡想著，然後這次他毫不猶豫地接過香菸，「當時感覺比上午好了一些，但還是頭暈了一下。」

「那是因為香菸會殺死腦細胞。」我從醫學的角度來幫他解釋，「那麼後來呢，你就是這樣逐漸復吸的嗎？」

「差不多是這樣。在那天之後，我在工作時、休息時，腦子裡總是不經意就想著吸菸的事。後來我乾脆買了一盒，打算每天就抽上兩三根。但是你知道，對於一個菸癮逐漸變大的人，這根本不可能。我不停地告誡自己，只能吸幾根，但是我卻越吸越多。後來我也曾經試過再次戒菸，但卻更加困難了，我甚至不能堅持超過一週。」安德森有些慚愧，但是我很感謝他實話實說。

「好的，安德森，不要著急，我會幫助你戒掉香菸。」我知道大多數戒菸不成功者的問題，這並不難解決。

我用了二十八天的時間，幫助安德森徹底戒掉了菸癮，並且一直到現在他都沒有再抽上一根。那是後話，現在我想做的是，跟大家分析一下他戒菸失敗的原因，你會看到一個很有意思的心理過程。

安德森在戒菸的前兩週，自制力在增長的過程中，達到了頂峰，這讓他暫時遠離了香菸。但是接下來，他的自制力出現了問題，他沒有抵擋住同事抽菸的誘惑，請注意，他的同事並沒有主動誘惑他，而是他自己把同事手中的香菸視為一種誘惑。

當他開始復吸第一支香菸的時候，他並沒有感到快樂，甚至有些難受。但是他的意識焦點發生了轉變，他會經常不自覺想起吸菸的感覺，而長達十年的吸菸史，讓他的潛意識長期沉浸在吸菸的快樂中。他的意識告訴他吸菸的害處和痛苦，而潛意識在暗示他吸菸的快樂，他的自制力在這意識和潛意識的鬥爭中變得極為薄弱。最後，他被自己打敗了。

在安德森的故事裡，有一點是很有意思的，由於自制力薄弱，他會主動把別人手裡的菸當作誘惑。同樣，一開始我們提到的那些人，也都是因為自制力薄弱，所以會主動把很多問題當作障礙。他們沒有強大的自制力，於是一次次地選擇放棄，被自己打敗，直至擁有迷惘而平庸的人生。

馬丁的轉變：從迷茫到強大

馬丁是這樣的一個人：他做事風風火火，制訂了計畫之後就馬上執行，但那股「衝勁」持續不了多久就消失得無影無蹤。這麼多年來他一直無法突破這種情況，他的生活總是原地不動。對於這個結果他感到非常迷茫，卻不知道問題出在哪裡。

他的朋友向他推薦了我，於是他又風風火火地找到我，向我說明自己的情況。聽了馬丁的故事，我大概知道是怎麼回事了。事實上，這類人我遇到過很多。

早在十多年前，我曾經在一所大學裡做過一個簡單的實驗。我邀請了該大學對長跑有興趣的人參加一項比賽，但實際上，所有的參賽者並不知道這是一項實驗。這個實驗——或是說比賽的內容——也非常簡單：不限制時間，在大學的操場上進行繞圈長跑，跑的距離最遠的幾個人將會得到獎金和新款手機。

報名參加這項比賽的男生十分踴躍，他們來自學校的各個院系，都對自己的體能和自制力充滿信心。我和助手選了不到二百個人進行這項比賽，分成幾組進行，在一天之內全部完成，最後，有一些小夥子高興地拿到了獎品。

比賽結束後，我們對所有的參賽者進行了後續追蹤，結果和我預想的十分接近：那些堅持時間長、跑得遠的人在各行各業中取得的成就，遠比那些很早就退出比賽的人要強得多。在他們之中誕生了六位企業高管、三位小型公司的創始人和一位小有名氣的編劇等。

所以，這更讓我堅信一點：那些在同齡人中處於領先地位的人，他們既是跑的時間最長的人，也是能跑得最遠的人！

後來，根據我的長跑理論，我把人們分成三類。

第一類人，他們給自己制訂了一個目標，然後興師動眾地開始行動，在堅持了一段時間後，自制力開始減弱，還沒完成多少工作就宣告投降。

第二類人，他們也給自己制訂了目標，而且他們能保證自己每天都為這個目標做一點事，不過只是一點。雖然他們有條不紊地向前推進，但是「頻率」實在是太慢了。

當然，最後第三類人，他們在制訂目標之後，開始行動，既能保證計畫高效地進展，又能保證自己的自制力維持在較高的水準上，他們的效能令人欽佩，做什麼事都能又快又好。能夠改變自己的命運和這個世界的，就是這類人。

顯然，馬丁屬於第一類人，跑不了多久就放棄，如果一直這樣下去，必將一事無成。但是對於這一類自制力相當薄弱的人，直接讓他進入系統的自制力訓練是不大適合的。於是，我先給了他一個很小的建議，讓他按照我的方法試一試。

這是一個很小的改變，我只是讓他放慢自己的節奏，在制訂某一個工作目標後，從以前全速開始的狀態中脫離出來，每天只用之前50%的精力去工作。打個比方，馬丁打算學一門樂器，按照他之前的性格和習慣，他會在開始的時候，每天下班後拿出四個小時抱著這個樂器進行練習，而現在，我要求他只拿出兩個小時進行學習，並且中間休息十五到三十分鐘。

兩個月後，馬丁打來了電話，他興奮地告訴我，他覺得自己做事比之前更有耐心，能堅持做某件事的時間更久了。我首先感謝他聽取了我的建議，然後我希望他能繼續按照我的方法改變自己，我相信半年之後，他能看到更加令人欣喜的改變，不論是工作還是生活。

是的，我提高了馬丁的耐心，但本質上講，是我的建議增強了他的自制力，將他從第一類人培養成第二類人。而現在，他早已經通過我為他量身訂做的強訓，成為了自制力出色的第三類人，內心無比強大！

雖然在這個過程中，馬丁花了不少時間，但這是必要的。你試過開車的時候直接由一檔加速，然後換到五檔嗎？可能有，但你一定不會經常那麼幹，因為你知道那樣會對汽車造成傷害。馬丁也是這樣，從一個充滿迷茫的人，一步步嘗試，一級級突破，到現在這樣實現了質的轉變。

雖然我說起來很容易，但是能真正成為自制力出色的人卻不簡單。你需要時間練習，但你一旦擁有了它，你會發現，那是值得的。因為從此以後你做什麼事，遇到什麼艱難的計畫，都會變得輕鬆很多，你將掌握成功的祕密，並將成為下一個令人羨慕的成功者。

決定自制力的因素

我曾在酒吧裡遇過這樣一位男士。結婚六年後他出軌了，他的妻子發現了這一點並提出離婚，這讓他陷入極度的沮喪情緒中。我坐在他的旁邊，一邊喝酒，一邊聊了起來。

「在出軌之前，你一直對婚姻很忠誠嗎？」我很想知道這類人的想法。

「是的，不瞞你說，從戀愛開始，這七年多來，我一直深深愛著我的妻子，直到現在也是。」他痛苦地說著。

我相信他說的話：「那為什麼這次你沒有堅持住，是因為你遇到的那個女人太漂亮了嗎？」

「嗯，可以這樣理解吧，這是一方面。另一方面，你知道，結婚太久總是會變得有些無聊，每天都是工作、廚房、孩子之類的事。」

我點了點頭：「是的，婚姻嘛，總是這樣。有人說過，當你看慣了自家後院的花之後，總會覺得別人家後院的花更漂亮。」

「可不是嗎，我曾經有一段時間幻想過和認識的女人約會，你可以理解吧，但另一個聲音告訴我不能那樣去做。」他喝了一口酒，繼續說：「天啊，我覺得跟你說這些話很丟人。」

「你有這樣的想法也很正常，但是你不應該真去那麼做啊！」

「是啊，但是當我遇到了那個女人，我的心動搖了，那個告訴我『不能那樣去做』的聲音越來越小，更多的聲音是在說『為什麼不去試試』、『偶爾背叛一次沒有關係，再回到妻子身邊就好了』、『如果放過這樣的美女你會後悔一輩子』之類的話。」他苦笑了一下。

「嗯，很多人抵擋不了這種誘惑。」

「是啊，如果離婚，我接下來的日子該怎麼過啊？」他真的不知所措。

在離開酒吧的路上，我在想，為什麼人們明知道背叛是錯的，心裡也深愛著家庭，卻還是不能抵擋住誘惑呢？

從自制力的角度來說，我找到了答案。我相信那位男士在戀愛和剛結婚的時候，忠於婚姻的自制力非常強，可以抵擋任何誘惑；而在他結婚幾年之後，外面的誘惑和婚姻的平淡開始衝擊他的自制力，讓它變得薄弱；當巨大的誘惑出現之後，他的自制力徹底崩盤了。

那麼，我們的自制力都由什麼決定呢？它又是怎樣土崩瓦解的呢？相信下面這些因素一定會讓你深有同感。

1 對你來說真正重要的東西（The Most Important Thing）

有一次，一位女士跟我坦露心聲，她特別羨慕那些能夠環遊世界的夫妻，而自己只能天天待在家裡做家務。言語之中流露出了對丈夫和生活的不滿，以及對新鮮和刺激的嚮往，這讓我想到《麥迪遜之橋》。我擔心，如果這時候有一位富有魅力的男子瘋狂地追求她，她的自制力很難堅持。

於是，我問她：「妳最重視的核心價值觀是什麼？換句話說，對妳來說什麼最重要？別著急回答我，認真想想。」深思熟慮以後她告訴我，是「安全感」。多麼有意思，環遊世界意味著各種冒險和不安全感，而實際上她希望要的卻是安穩的生活。她說，這個問題讓她重新審視了自己的生活和與丈夫的關係，她心情愉快多了。我想，這時候如果面對誘惑，她的自制力也會強多了。

2 被剝奪的感受（The Feeling of be Deprived）

被剝奪也就是被限制，限制你遠離自己內心渴望的人或事。可是，禁止會刺激我們追求的欲望。越是得不到，你內心就越渴望得到。於是，這樣一來，羅密歐和茱麗葉的愛情愈加濃烈了；而正在減肥的你，會比平時更加渴望那一杯香醇美味的冰淇淋。

解決的辦法是不要讓自己有被剝奪的感受，試著告訴自己：「我正在減肥，等這週的目標完成以後，可以吃一杯冰淇淋獎勵自己。」比「我正在減肥，不能吃冰淇淋」會讓你更好過。在你對某樣事物最渴望的時候，如果你能控制自己，那麼撐過去以後，你會發現自己更容易控制欲望了。

3 對可行性的判斷（Feasibility Judgment）

假如你是被困在荒島上的魯濱遜，我相信不吃巧克力蛋糕是非常容易的事，因為你根據常識判斷自己根本吃不到，所以擁有自制力也就相對輕鬆。可是，天天從蛋糕店門口經過的你，想要抗拒它的誘惑，就有點難度了。

你可能會深夜開車穿過幾條街區只為了買一杯自己喜歡的咖啡，你也可以大半夜爬起來飛往大洋彼岸去看你想念的那個人，因為你覺得那是可行的。但假如你正在減肥，或者按我的建議正在進行自制力提高訓練，就忘了你家巷口的甜品店、咖啡館和那香嫩多汁的烤牛肉吧，像在荒島上一樣規劃自己的生活，忙起來，遠離那些可能會刺激到你的東西。

4 合理化和討價還價（Rationalized and Bargain）

「多抽一支菸也死不了人」、「偶爾喝杯酒不會傷害身體」、「多吃一個甜甜圈吧，就一個，沒多少熱量的」、「今天晚上就多吃點吧，反正下午健身了」……在欲望面前，我們特別喜歡找藉口，不斷跟自己的自制力討價還價，讓那些失去自制力的行為看上去特別合理。

在內心的鬥爭中，贏的是欲望還是自制力，這完全取決於你能不能實現自我控制。我不是反對你過自由快樂的生活，相反，正是為了這個目的，我建議你不要頻繁地為自己找藉口消磨自制力，更沒有必要跟自己討價還價。

5 負面的心理和情緒（Negative Psychological and Emotion）

很多人失戀之後會大吃大喝直到把自己變成一個胖子，那是因為在吃東西的過程中他們能夠產生短暫的歡愉，但理智的人不會讓這種歡愉毀掉自己的身材。可是對於極度痛苦的人來說，那種歡愉是無比誘人的，因為它們被附加了額外的效果——消除痛苦，雖然只是暫時的。

和失戀一樣，所有讓你感到傷痛的情緒，比如絕望、憤怒、焦慮等，都會讓你失去理智，你會本能地想要去尋找快樂。可是，不管是什麼，某些習慣一旦形成，就會讓你陷入其中不可自拔，想戒掉它們，就需要更強大的自制力。

行為管理是一門成功科學

在我上大學攻讀心理學期間，我發現了一條規律：學校裡那些漂亮的女生，她們大多數只對身材健碩的男生有興趣。那些橄欖球員們無一不是女生們追逐的對象，而像我們這種弱不禁風的「書呆子」，只能在一旁偷偷地羨慕著。為了盡快擺脫這種糟糕的局面，我在學校的健身房辦了卡，準備拿出幾個月的時間，讓自己也擁有席維斯·史特龍那樣的一身肌肉。

對於沒有健身經驗的人來說，我犯了一個明顯的錯誤——太心急了。

我恨不得馬上就有一身健美吸睛的肌肉，然後就可以和大學裡最漂亮的女生約會。第一天到了健身房，我連熱身活動都沒做，就開始通過健身器材練習我的肱二頭肌和腹肌。這對於一個文科生來說真是一種挑戰，我足足練了兩個小時。

第二天，我的身體十分痠痛，但我還是堅持去了健身房，因為人們都說：「當你感到痠痛時，你的肌肉在悄悄增長。」我忍著痠痛，又投入到忘我的肌肉訓練中。身邊不時走過的健碩男生好像故意來刺激我似的，我猜他們心裡在想：「看這小子能堅持多久？」五分鐘、十分鐘、二十分鐘……我又堅持了兩個小時。晚上，我的疼痛再一次加劇了，感覺胳膊和後背都是火辣辣的疼，甚至我在睡覺時都被疼醒了好幾次。想想《第一滴血》中，藍波深入敵人虎穴以一敵百的樣子，我的勇氣又來了。

第三天，我又開始了自己「瘋狂」的肌肉訓練。一分鐘、兩分鐘、三分鐘……我感到時間過得很慢，肌肉好像被點燃了一樣，撕心裂肺一般的疼痛……我不行了！

醫院檢查結果是，我的肌肉和軟組織有不同程度的損傷，醫生瞭解了我受傷的原因後，很不留情面地教育了我一頓，認為我這樣的做法是極為不科學的，我需要立即休息一段時間，等傷勢徹底恢復之後才能再進行訓練。

所以，自制力不是任何時候都需要的，行為管理是一門科學。我們需要持續性的成功，因此在自制力方面也要有戰略性、整體性。上面這個慘痛的故事，我經常講給學員聽。我會告訴他們，真正有益於我們的自制力，是要為我們個人乃至整個社會的持續發展進步負責的。所以，為了管理自己的行為，我們的自制力需要遵循下面三個原則。

1 先訂個計畫（Make a plan first）

一個好的計畫可以在多個方面幫到你，它既能指引你在正確的時間做正確的事，又可以幫你戒掉一定的惰性，幫助你更好地實現目標。

如果你壓根沒有計畫，那麼，就容易陷入混亂當中。試想一下，如果我當時為自己制訂了肌肉訓練的科學計畫，那我會在需要堅持的時候堅持，不需要堅持的時候放鬆，一定不會造成肌肉損傷。

2 一步一步推進（Proceed step by step）

我那次失敗的健身經歷讓我意識到，我沒有做到循序漸進。就像鍛鍊肌肉一樣，強大的自制力也需要循序漸進，從較小的開始，逐漸嚴格要求自己。

假如你現在一頓飯要吃三個漢堡、兩塊餡餅再加一大份冰淇淋，如果一下子要求自己只吃一份蔬菜沙拉，或許你可以做到，但那對自制力來說是相當大的挑戰，很難堅持下去。但如果一點一點慢慢來，先從減掉一個漢堡開始，相信要容易得多。

想想看我們胖起來的那個過程。很多人一開始並不是很胖，也是不經意間一點一點地把胃口吃大，到後來越吃越多，越吃越胖。而反過來，當我們想要減肥的時候，你會認為少吃幾天就能成為瘦子嗎？顯然不會，這需要一個過程，自制力也一樣。

3 別逞強（Don't flaunt your superiority）

這個世界有這樣一條規律：當你逞強去做某事時，你多半會得到你最不想看到的結果。因為當你逞強去做的時候，你已經沒了把握，失去了理智。就像我在肌肉已經發出痠痛訊號時，還要逞強去鍛鍊，結果自然是出了問題。

從心理學的角度來說，當人們逞強去做某事時，他已經進入了「失控」的狀態，即失去了對自我認知和行為的管理，這個時候的人是最容易出現問題的。

我有一位朋友，他曾是一名成功的商人。他跟我說，有一次在拉斯維加斯的賭場中他出現了「失控」的狀態。當時他已經輸得有些眼紅，以至於拿到一手並不怎麼樣的牌時，他想都沒想就壓上籌碼跟牌，結果一個小時內輸掉了上百萬美元。後來他對我說，那次的經歷太可怕了，他覺得自己當時已經不是自己了。經過那次失敗，他再也不想踏進賭場半步。

很多時候，當你因為逞強而失去控制後，突如其來的失敗會讓你在很長一段時間內感到失落，甚至感到恐懼。你不太可能立刻鼓起勇氣重新嘗試，你會陷入到「一蹶不振」的狀態中。所以，無論任何事，你都要記住：

你需要自制力，但不要逞強。

每當我講完那次失敗的經歷，總會有學員在底下好奇地問我：「你有沒有繼續鍛鍊肌肉呢？」當我明確回答他們「是的，我後來繼續鍛鍊了」之後，他們一般總會接著問：「那你有沒有在大學時談上戀愛呢？」

這是個祕密。

而你們現在需要記住的，就是我在上面提到的三個原則。

有效練習1　掃雷：發現你的自制力障礙

一九六六年，史丹佛大學心理學教授沃爾特·米歇爾（Walter Mischel）做過一個著名的實驗，他找了六百五十三名幼稚園小朋友，把他們都帶去史丹佛大學附屬托兒所的行為觀察室，讓孩子們從餅乾、巧克力、餅乾棒、棉花糖等零食裡面挑一個自己最喜歡的。隨便挑，但挑完以後不能吃，可以先拿著，等十五分鐘以後，實驗工作人員回來了再吃。如果能做到，就可以再獎勵一份零食。如果做不到，就沒有獎勵。

然後，教授躲在外面觀看孩子們的表現，有的在工作人員剛剛離開就馬上吃掉了；有的四下張望以後偷偷咬了一口；有的等了一會兒後不耐煩地吃掉了……最終，大部分的孩子都吃掉了他們手裡的零食，只有30%的孩子控制住了自己，等待了這可能是迄今為止他們人生中最漫長的十五分鐘。

一九八一年，這些孩子已經讀高中了，米歇爾又逐一聯繫到了這六百五十三名小朋友，請他們的父母、老師幫忙完成調查問卷，然後對這些孩子在學習成績、處理問題的能力以及與同學的關係等方面進行分析。米歇爾發現，當年，馬上吃掉零食的孩子不僅SAT（學術水準測驗考試）成績分數較低，而且更容易出現行為上的問題。而那些可以等上十五分鐘吃到兩份零食的孩子，成績更高，與同學的關係也更加融洽。

這個實驗還沒有結束，米歇爾和他的團隊還在進一步研究。但基本上我們可以確定，那些能夠控制自己晚一會兒再吃零食的孩子，人生更成功。

那麼，你是哪種孩子呢？是馬上吃掉零食，還是試圖偷偷咬一口而不被人發現，還是想盡辦法轉移注意力不去吃糖果？

想知道結果，我們就來測試一下吧，過程很簡單。

1 情景重現（Recall）

你只需要找一個足夠安靜、不被打擾的空間躺下來。讓你躺下來的原因在於，當全身都放鬆下來時，可以更加集中精力去思考。躺下來以後，試著進入冥想狀態，回憶自己最近一個月的表現，在腦子裡像看電影一樣重現自己的行為。

之所以要以一個月為週期，是因為在短時期內我們通常都能表現出較強的自制力。所以如果週期太短，不足以表現出自制力的真實水準。

2 行為分析（Analyze）

我想你應該知道哪些行為是有自制力的，而哪些是沒有自制力的。

比如，你原計劃每天晚上讀十頁的書放在床頭半個月了都還沒翻過；你難以忍受電影中那冗長的對白而忍不住總去快轉；你非常容易受到別人和其他事情的影響，總是情緒波動比較大；你的注意力很容易被各種干擾所轉移……

如果在你想要做的事情中，有超過三分之一沒有做或者沒能堅持下來，或者上述現象頻繁地出現，那麼你可能已經存在嚴重的自制力障礙。

3 找出根源（Source）

想想看，是什麼導致你的自制力一再投降？每一次想要放棄的時候，你的心裡都在想些什麼？

我聽到的原因五花八門。

「我總是對自己發誓，下一次一定做到。」這類人是在給自己虛假的希望和安慰。

「我會幻想自己已經做到了，那時候人生將是多麼美好，以此緩解因為放棄帶來的沮喪。」這類人是自我催眠型，不肯正視事實。

「以後的事情以後再說吧，我現在要活得痛痛快快，這才是第一位的。」這種人是極端的享樂主義者。

「我失戀了，有理由縱容自己。」這種心態出於補償心理。

……

我讓學員這麼做，是想讓他們弄明白自己當時的想法，找出背後的心理機制，這有助於我幫他們制訂有針對性的自制力訓練課程。而你自己，通過這個練習，也能認清自己和自己的自制力，幫你在以後的生活中更有效地控制自己的行為。

第二章

打敗干擾，從拖延和懶惰中走出來

承認吧，你就是自制力很差

在我們開始改變自己的自制力之前，我們首先要做一件事：接受自制力差的自己。根據我的觀察，很多人在自制力方面出現的問題，很大原因是因為沒有對自己的自制力水準做出正確的認識。他們完全不把自己歸為自制力差的人。

馬丁內茲就是這樣的一個人，他是一名中層管理者，他所在的公司為他報名參加了我的課程。他給我的最初印象是總是很自信，當我們聊起自制力的話題時，他對我說：「哈，我覺得自己的自制力還不錯，只不過有些事分散了我的精力。」

「真的是這樣嗎？」我問他。

「當然。你不要生氣，說句實話，要不是我的上司給我報了名，還不斷催我來接受培訓，我根本不會來到這裡。」

「那好吧，你的自制力到底怎樣，我們來做個簡單的測試。」我遞給他列印好的「自制力水準測評[4]」，「你只需要在每道題的下面做出選擇，不用關心結果，只須做到誠實即可。」

「沒問題！」馬丁內茲笑嘻嘻地開始一邊思考一邊開始做測試。

十分鐘後，他把做完的測評交給了我。我幫他計算了他的分值，得出了結果——他處於「拖延患者」這一水準。我心裡想，看來他所在的公司既看重了他的潛力，又覺得他做事風格上存在問題，所以才把他送到我這裡接受培訓。

「馬丁內茲，你的測評結果是你的自制力水準處於中下等級……屬於薄弱的那一類。」我想，他肯定無法立刻接受這樣的結果。

果然，他差點跳起來，激動地說：「那不可能！我堅信我的自制力是公司最出色的，要不我怎麼能這麼年輕就坐到了現在的位置！」

「不，我想，在過去的時間裡，幫助你取得成功的重要原因不是自制力，或許是你的才華、知識、自信心等等，但不是自制力。」我耐心地對他講，「不管怎樣，我看過你的簡歷，我覺得你應該有更廣闊的發展空間。但前提是，你必須提高你的自制力，它會幫你實現更宏偉的目標。你不想這樣嗎？」

4 測評：指測試後評定。

「是的，我想，我的人生態度非常積極。但是，你就憑那兩張紙對我的自制力做出判斷，這樣科學嗎？」他的話就好像我侮辱了他一樣。

我不理會他的態度，反過來問他：「馬丁內茲，現在請你想一下，你的上司喜歡給你規定任務完成的時間，並經常催促你，對嗎？」

我的問題讓他愣了一下，他想了想說：「有時候是這樣的，這能說明什麼，上司總是喜歡那樣著急。」

「OK，你再想想，最近一次你和你的妻子吵架的原因是什麼？」

「好，讓我想想。」他低著頭沉思了一下，很不情願地說：「聖誕節前，我們計劃去看幾間房子，但是我因為那個時候比較忙，就一直沒有看成。前些日子，房仲業務打電話來說我們想看的房子賣出去了，她因為這件事和我大吵大鬧，就好像我根本不把這件事放在心上。不過……這和自制力有什麼關係？」

「是這樣的，馬丁內茲，我必須一針見血地指出，你在做事方面存在拖延的問題。請恕我直言，你的上司對你的效率並不放心，所以才會經常催促你；而你和妻子吵架的原因也是因為你沒有即時帶她去看房子，說明你在生活中也習慣拖延，我說得沒錯吧？」

「或許……有那麼一點吧。」他不好意思地承認了，「不過你知道，有些時候事情總是安排不過來。」

「錯，那是藉口。我相信你的上司給你留出了足夠的任務完成時間，你的妻子也耐心等待過，但是，你還是不能讓他們放心。正因為你的拖延習慣，別人才會不停地敦促你，或者和你發生不愉快。這樣最終的結果是什麼？你將會失去身邊所有人的信任。」

我的話讓馬丁內茲開始緊張起來，他低著頭若有所思，然後抬起頭問我：「你可以幫助我改掉拖延嗎？」

「是的，『拖延症患者』的主要特點之一，就是自制力不夠強大，進而失去自律性。所以，如果你想修復自己在別人心中的形象，重新贏得信任，我希望可以幫到你，但我需要你的配合。」

「好吧，不管怎樣，我願意嘗試改變。」馬丁內茲深深地點了點頭。

在接下來幾個月的時間內，我們幫助馬丁內茲徹底提高了自制力水準，他的工作和生活也朝好的方向發生了改變。

這件事的重點並不在於我是如何幫助馬丁內茲實現改變的，重點在於，很多人高估了自己的自制力水準。如果人們不能清楚地意識到自己薄弱的自制力，那麼改變起來會變得很困難。

想一想是不是這樣：當你認為你胖了，你才會下定決心去減肥；當你認為你很貧窮，你才會下點功夫去努力賺錢；當你認為你的學歷還很差，你才會主動報名參加雲端課程……

相反，如果這些人這樣表達，你覺得他們還會做出正確的行動嗎？

「我覺得自己不胖啊，只不過最近吃得有點多，過兩天吃少點就會瘦下去。」

「我認為自己還不錯，只不過最近財運一般，等過陣子就會好轉。」

「我認為自己學的已經很多了，只不過老闆現在比較糊塗，太看重學歷了。」

顯然不會，因為人們這樣說，就表示他們不接受自己的缺點或問題，他們就不會去改變自己。同樣的道理，只有你接受了「自制力差的自己」，你才會從意識和潛意識中去尋求改變，渴望改變。否則，你即使再下功夫培養自制力，也是浪費時間。

關於干擾的好消息

自制力薄弱的人，專注力通常也會很差，特別容易被干擾。比如他正在按照計畫做某件重要的事情，可是，外界嘈雜的聲音、別人熱情洋溢的電話、電腦上彈出來的新聞和廣告等，都會對他產生巨大的干擾或誘惑，使他無法保持專注。

我相信很多人都有過類似的經歷：手上有重要的工作要做，你也承諾在今天下班前完成。但是上午的時候，坐在你旁邊的同事頻繁地打業務電話，儘管你不想去管別人的事，但是他說話的內容卻不斷傳進你的耳朵裡，「他在說什麼呢？」你的思維被他不斷干擾著，工作的進度被耽擱了。

而到了下午，你在心裡告訴自己一定要抓緊時間，但是電腦和手機上朋友發的搞笑圖和一到下午就會產生的睏倦感，讓你勸自己「我要不要聊會兒天放鬆一下，讓睏意消除了再全速完成工作」。你開始劈里啪啦地和朋友聊個痛快，等聊得差不多了，一看時間，天啊，還有一個多小時就下班了！

於是，你只有兩個選擇：按時交差，但工作品質不能保證；向上司申請，晚上加班完成。

這兩個選擇對於上司來說，都是不希望看到的情況，是你自己的原因，造成了這種情況的發生。沮喪的你會抱怨：「干擾我工作的原因太多了，我也不想這樣啊。」

你的抱怨或許可以理解，我相信你也不想這樣，但事實卻這樣發生了。

人們向我訴說這種痛苦，他們希望我能夠幫助他們提高自制力來抵抗干擾和誘惑，能夠讓自己專注地按照計畫去做事情。

好消息是，我的確有辦法。關於怎樣應對干擾，我向他們傳授了一種技巧，使用這個技巧，很多人在很短的時間內就發生了改變。

這個技巧並非是我原創，而是我早些年前從朋友艾伯頓那裡學來的。在我告訴你這個技巧之前，我想先說說那段經歷，因為還真挺有意思的。

我的朋友艾伯頓是一位射擊教練，有一天我開車恰好路過他所在的訓練場，我在想，為什麼不去看看老朋友是如何訓練選手的呢？

我到了射擊場裡，正好艾伯頓在那裡指揮運動員們進行訓練。好久沒見，他給了我一個熱情的擁抱。因為要參加比賽的緣故，我不太好意思打斷他的訓練，就在一旁安靜地看著。那些射擊運動員們可真是神奇，拿起手槍，瞄準靶心，保持平穩，深呼吸，然後扣動扳機，螢幕上立刻出現了成績，九點五環、九點七環、十環……太棒了！

除了槍響擊中靶心的聲音，訓練場安靜得連一根針掉在地上都能聽到。

我在一邊默默地看著，連大氣都不敢出，生怕影響選手的訓練。

過了一會兒，訓練暫時告一段落，艾伯頓走了過來坐在我旁邊，我們聊了一會兒家常，然後艾伯頓問我：「怎麼樣，是不是覺得這種訓練有點枯燥？」我說：「當然不是，我還是第一次這麼近距離觀看射擊運動員的訓練呢。那個棕色頭髮的女孩打得真不錯啊！」

「是啊，莉莎是我這批隊員裡最出色的，她的穩定性很好，抗干擾能力很強。她已經拿到過洲際冠軍了。當然，我們的其他隊員也非常不錯。」艾伯頓自豪地說。

「哦？他們是如何做到這一點的？能夠這樣心無旁騖地進行射擊訓練？」

「哈，等一下你就明白了，一會兒你就覺得沒那麼枯燥了。」艾伯頓起身，走到訓練場中央，然後招呼運動員們開始準備下一節的訓練。

當運動員們各就各位準備好之後，艾伯頓做了一個令我出乎意料的舉動，他找出一個遙控器，按了一下，運動員對面靶心上方的大螢幕立刻亮了起來，裡面開始播放音樂劇，而且喇叭發出的聲音也十分響亮，難道他要和運動員們開派對嗎？

在動感的音樂聲中，運動員們重新開始投入到訓練之中。他們好像絲毫沒有因為這種干擾而分散注意力，依次舉起手槍，瞄準靶心，深呼吸，保持平穩，然後扣動扳機。螢幕上的成績依舊出色：九點五環、十環、九點六環……

沒多久，音樂劇又換成了電影片段，這種訓練真是太有意思了。我突然意識到：艾伯頓是通過各種干擾來對運動員進行訓練的。

在訓練結束後，艾伯頓向我解釋道：「射擊運動員最大的要求就是保持穩定性，不能被場外的一絲干擾所影響。我的一個隊員曾經就因為場外觀眾的聲音太大而出現了失誤。所以我採用了這種方式對隊員們進行訓練，一開始他們並不適應，總是分心，但現在，即使對面『著火』了，他們也能專注地瞄準。」

聽完，我朝他豎起了大拇指。

這就是那段有意思的經歷，我在開車離開訓練場的路上，不斷思考著艾伯頓的話。**用來對抗外界干擾的最有效的訓練方法，就是讓自己置身於強烈的干擾下，長期鍛鍊，就能做到不受干擾。**

比如你是一名大學生，你的注意力總是不能集中。那麼你可以這樣訓練自己，在環境最嘈雜的地方學習。我相信你起初會感到十分困難，但是當你堅持數日之後，你的自制力水準就會逐漸增強，不會輕易受到外界的影響了。你會發現，自己坐在哪裡都能學習得很好。

你會發現從那些居住環境惡劣、家庭成員眾多的居住區走出來的、喜歡學習的孩子，往往比那些生活條件優越的小孩注意力更集中。一方面是因為他們更珍惜學習的機會；另一方面，惡劣嘈雜的環境，把他們的自制力鍛鍊得比同齡人更出色。

很多人總是想著「我應該拿自制力去抵抗外界的干擾」，但事實上，最好的效果是用外界的干擾來鍛鍊自己的自制力，當你扭轉了這個思維進行訓練之後，你會發現自己做起事來會更專注。

給自己建立「制約機制」

我見過很多自制力薄弱的人，和他們交談，就好像在和兩個人對話一樣。一個是他們自己，另一個是他們隨身攜帶的一位「辯護律師」，你看不見，但卻總能聽到這位律師的辯護詞。

「是的，我沒有堅持減肥。」一位女士這樣說，她的「辯護律師」會補充道：「（我的當事人）最近工作壓力實在太大了，根本顧不上減肥啊。」

「我努力過，但我還是放棄了。」一位經理低著頭說，他的「辯護律師」馬上替他解釋：「（我的當事人）在過去半年裡，確實付出了很多努力，放棄也是不得已的。」

「是的，我沒有接受那個俱樂部的訓練計畫。」一位球員這樣說，他的「辯護律師」馬上替他辯解：「頂級聯賽可不是隨便就能上場的，（我的當事人）還不如在差一點的聯賽中打上主力位置呢。」

你看到，這些隱形的「辯護律師」，就在你說話的同時出現在你的身邊，他們替你辯解，把你的主動放棄解釋得合情合理，於是，從心理上，你逃脫了「罪惡感」，成功地維護了尊嚴。

我相信，你和所有的人都一樣，在心理上不願背負任何的「罪惡感」。

很多人因為自制力的薄弱而中途放棄過努力，但是大部分的人自尊心很強，不願意承認自己犯了錯，於是，「辯護律師」出現了，成為幫自己開脫罪名的「最佳人選」。

於是，你的自制力依然薄弱，永遠得不到提升，因為，你有「辯護律師」，你根本不需要改變！

我的姪子曾經就是這樣。他嘗試過很多工作，但沒有一次能成功地堅持做下去！一次家庭聚餐時，當有人問起他為什麼不固定一份工作時，我聽到了他的「辯護律師」極為慷慨的陳詞：

「不不不，一個不能讓員工按時下班的廣告公司，根本就不值得去工作。」

「雖然那家ＩＴ公司待遇不錯，但是我覺得他們並不想提升我做主管。」

「你要是我的話，也不會繼續在這家大型設備公司工作，上班實在太遠了。」

「我真不知道那家電視臺是怎麼想的，居然讓我從實習記者做起。」

……

他的旁邊，真是站著一位巧舌如簧的「辯護律師」在維護著他強烈的自尊心！

他說得如此自然、如此肯定，好像發自肺腑那樣。而我也深深知道，他所講述的一切，例如那些不公平的遭遇，都是他內心真實的想法，而非胡編出來應付在場的每個人。

但是，這些真實的想法，在我看來，無非還是那位幫他逃脫罪名的「辯護律師」努力工作的結果。如果沒有「辯護律師」，他的問題將會顯露無遺，一切的失敗都會歸罪於他自己，他會欣然接受嗎？當然不。

我真想大聲反駁他的那位「辯護律師」：

「事情做不完加班是再正常不過的事情，為什麼只有你不能堅持？」

「如果你想成為主管，你先要學會像一個主管那樣珍惜工作，為什麼你做不到？」

「上班的遠近，不是你放棄一份有前途的工作的正當理由，為什麼你把它當作理由？」

「很多從事高層工作的專家，一開始都是從底層做起，並幹了很多年，為什麼你不能接受？」

但是我並沒有那樣做，因為在眾人面前，那樣說話會讓他的自尊心遭受嚴重的打擊。我和他約了個時間一起釣魚，我們坐在湖邊，一邊等著魚上鉤，一邊聊天。

時機合適的時候，我對他說：「孩子，我有一位老朋友，他的公司現在正在招聘，待遇還算不錯。」

「哦，是嗎？」他表現出濃厚的興趣。

「是的，不過這份工作並不輕鬆，需要經常加班，而且離你住的地方也不近，工作兩年之後可能會有升職的機會。這是一份有挑戰的工作。他問我是否有合適的人時，我很猶豫，我不知道你能不能勝任。」

「您認為我真的不能堅持下來嗎？」他強烈的自尊心表現了出來，「那就麻煩您幫我問一下我能否參加面試，其實，我很喜歡接受挑戰。」

「好樣的，孩子，我希望從我的朋友那裡傳來你的好消息！」我微笑著說，「看，魚上鉤了！」

就是這樣，我介紹姪子進了朋友的公司，我同時要求我的朋友對他「苛刻」一些。直到今天，幾年過去了，他已經在那家公司升了三級，成為公司裡重要的一員。

為什麼我知道我這樣做，他一定能堅持下來呢？這是因為一旦他中途放棄，他會在我面前顏面盡失，對於一個之前善於讓「辯護律師」維護尊嚴的人，這一點他肯定無法接受。要麼他一輩子成為我的「笑柄」，要麼低著頭咬牙堅持下去，只有這兩個選擇。

所以，對於習慣通過「辯護律師」來掩蓋自己薄弱自制力的人來說，提高自制力的有效方式，是讓自己根本無法派出「辯護律師」來，即形成「制約機制」。也就是說，他給我的承諾，在制約著他自己，這是個事實。

對於自尊心強但自制力薄弱的人來說，幫助自己找到「制約機制」是一件值得去做的事。例如，對於想要減肥的女性來說，妳能找到的「制約機制」有哪些？至少我知道一位女士，成功地做到了。

她把自己的減肥目標設定出來，然後把適合現在穿的、寬大的衣服通通送給了朋友，並向朋友承諾：「除了我今天穿的，我現在衣櫃裡的、最近和未來買的衣服，都是我減肥成功後才能穿進去的！」

當她做出承諾並付諸行動後，她的「制約機制」形成了：對朋友的承諾和手上衣服的尺碼。於是，每當她想放棄減肥時，她發現，「辯護律師」不再出現了。

那麼，你呢？如果你薄弱的自制力還在被「辯護律師」所保護著，可你又真心想要改變的話，試試建立「制約機制」吧。

馬上就會見效！

不找藉口

一個殘酷的事實：當你開始尋找藉口時，你的自制力就已經開始減弱了，並且遠比你增強自制力的速度要快得多。

正如前面提到的那樣，在你尋找藉口的過程中，你的潛意識就已經在幫助你逃避。逃避即將要付出的各種辛苦和遇到的困難，讓你可以更「輕鬆」地拋棄計畫，終止行動。

你看過馬戲團裡的大象嗎？反正我看過。你有沒有想過，一隻野生的大象怎麼可能服服貼貼地待在馬戲團的棚子裡，人們是怎麼馴服牠的？

這個道理我在一本書上看過。當大象還是一隻小象的時候，牠被賣到馬戲團，牠被馴服的命運就開始了。馴獸師用繩索把牠捆在樹的旁邊，做為小象，牠的力量還很小，所以無論怎樣掙脫，都無法拉斷繩索。

第一天、第二天、第三天……小象還在使勁地擺脫繩索，但是幾週、幾個月過去後，當牠發現自己根本無法擺脫繩索的時候，牠便不再花力氣了。

牠再也不會去想這件事了。於是，當牠長成一隻雄壯的成年大象後，即使牠有足夠的力氣掙脫那根繩索，牠也不會去那麼做了！牠被徹底地馴服在那裡。

藉口就像一條繩索，牢牢地拴在你的腿上。當你應該依靠自制力去戰勝困難改變命運的時候，那條「藉口繩索」便會牢牢拖住你，讓你邁不開腳；當你長期找藉口放縱自己的時候，你就像那隻小象，徹底被一根繩索馴服。

「今天天氣不好，我還是不要去鍛鍊了。」

「算了吧，我還是太笨了，學門外語對我來說太難。」

「我知道我的效率不高，但是同事們的效率也高不到哪兒去。」

「我父親吸菸那麼多年了，身體也很健康，所以我根本不需要戒菸。」

「好了，請不要再責怪我了，比賽前一晚飯店的枕頭實在太不舒服了。」

「最近我的應酬太多，所以沒法回家陪你們。」

……

要知道，一個習慣找藉口的人，會在生活的多個方面尋找藉口，所以他們才會一事無成。無論是人際、事業、知識還是財富，都很難令自己滿意。

你希望自己變成那樣的人嗎？讓藉口填滿你的生活，束縛你的腳步，這是你願意看到的嗎？

如果你不想那樣，你應該怎麼做？

剪斷那根「藉口繩索」，讓它徹底從你的生活中消失。為了做到這一點，我給每個人提供了三個練習建議。

1 「這是我的問題」（"That's My Mistake"）

習慣於找藉口為自己開脫的人，在潛意識中是害怕自己「背負罪名」的。所以，如果你想戒掉藉口，那麼你必須要有勇氣去接受自己的問題，承認自己的錯誤。例如下一回，當你因為自己的惰性而沒有兌現給別人的承諾時，請你主動去說「這是我的問題」、「對不起，這是我的錯」這些話。

這樣做有兩個好處：首先，本來對你失望的對方，會因為你主動認錯而在心裡適當原諒你，有利於人際關係的維護；其次，當你下回惰性發作的時候，想一想那種低頭認錯的尷尬吧，你就會有所克制，有利於自制力的培養。

2 停止使用「但是」（Stop Using "But"）

我聽過太多的藉口，這些藉口五花八門，但都有一個相似的特點：前半句在陳述事實，後半句在找藉口，中間用「但是」連接，聽著是那麼的自然。「我計劃昨天就寫完那一部分，但是，我實在太累了。」「我本來今天想辦這件事的，但是，路太難走了。」「我想過這兩天給你打電話的，但是，一忙我就忘了。」……

你需要努力讓自己停止使用「但是」這個詞，而一旦你忘記了這條原則，讓「但是」脫口而出的話，那麼請在後面用「這是我的問題」來修正自己吧。「我計劃昨天就寫那一部分，但是，我沒有做到，這是我的問題。」

3 「加倍償還」（"Pay Double"）

「加倍償還」是這樣的一個練習，非常簡單，但很多人都表示這個方式很奏效。例如按照計畫，你今天應該長跑半個小時，但是你沒有去，不僅如此，當別人問起你為什麼沒有去的時候，你不小心找了藉口。沒有關係，你只需要強迫自己明天跑上一個小時，「加倍償還」給自己就可以。

在工作中，可以「加倍償還」你的工作，把第二天排得滿滿當當的；在學習中，你也可以「加倍償還」你的學習計畫，讓第二天的學習量加倍。

總之，你都可以通過這種方式來幫助你逐漸脫離藉口。

而且，你「加倍償還」的都是對你自己有利的事物，又能鍛鍊你的自制力，何樂而不為呢？

以上是幫你砍斷「藉口繩索」的三個建議，想像一下，當你發生了改變，不再尋找任何為自己開脫的藉口後，你的生活會怎樣？你的自制力會逐步提高，比以前做起事來更持久，更有耐心。最重要的是，你會成為一個任何人都信賴和歡迎的人。這種感覺很棒，不是嗎？

一位牧師曾經說過這樣一句話：「上帝喜歡努力的人，但十分反感努力找藉口的人。」我把這句話寫在自己的記事本裡，時常翻開看看提醒自己。我希望你也能這樣。

你在給自己「心理許可」嗎

值得注意的是，還有一種情況，和藉口有些相似，就是「心理許可（Psychology Permission）」。這也是一種極為微妙的心理，束縛著人們的自制力水準。

原本，你應該支配你的自制力為你服務，幫助你完成各種任務。但是，有些時候，你會給它發放「心理許可」，讓它暫時「冬眠」一會兒。這個時候，你就開始失去自制力了。

比如血脂很高的你，醫生讓你在治療的這段時間內以素食為主，不能吃甜食。你堅持了幾天之後，某一天坐在咖啡店裡準備喝杯黑咖啡看看書，但是旁邊桌子的客人正在美滋滋地吃著起司蛋糕。這個時候，你的「心理許可」啟動了。

你會對自己說：「偶爾吃一點點應該不會有什麼問題，況且，也好久沒吃了嘛。」然後，你的「心理許可」開始生效，而同時，自制力則在一邊「睡覺」。馬上，你和旁邊桌的客人一樣，美滋滋地享受盤中的甜點了。

最要命的是，你第一次「許可」了自己以後，一定會發生第二次、第三次。因為你的潛意識裡認為既然第一次破例是合情合理的，為什麼不多來上幾次呢？

這時候，你的行為就像一個竊盜犯。首先你明明知道竊盜是一種犯罪，但是你被貪婪的欲望所蒙蔽住，你開始嘗試犯罪。在你第一次得手後，你會收斂嗎？你會這樣想：「既然我第一次犯罪沒有被發現，沒有被懲罰，那不如再做幾次案吧。」於是接下來，你又開始肆無忌憚地進行犯罪活動，你的頻率會越來越高，膽子會越來越大！

但是，你會永遠不落入法網嗎？或是說，你不斷地使用「心理許可」，到最後你又能得到什麼呢？

你很難得到自己想要的好結果。

人們產生這種「心理許可」的主要原因來自於外界事物的誘惑。那些外界的誘惑，就是蒙蔽你自制力的毒藥，如果你不想因為這種默認的「許可」而降低自己的自制力水準，讓自己變得毫無自制力，那麼你最好從根本上切斷誘惑源。

首先，你應該找到誘惑源。正如有的人喜歡美女，有的人喜歡金錢那樣，每個人的誘惑點是不同的。列個單子，把經常吸引你的，讓你開出「心理許可」的那些事物寫下來，你自然心裡就有了數。

我羅列一下大家所寫的關於自己的誘惑源，可真是五花八門：

- 社交網路
- 球賽
- 娛樂新聞
- 網路遊戲
- 電視劇
- 烤肉
- 巧克力
- 賭博
- 購物網站
- 促銷資訊
- 閒聊

……

不知道讓你「牽腸掛肚」的誘惑都有哪些？不過，不管是哪種誘惑，我們都會用接下來的方式來幫助你停止派發「心理許可」，我把這種方式稱之為——隔絕。

隔絕的原理在於將你和誘惑源之間設置一道屏障，因為這種屏障的存在，你會無法正常接觸到誘惑源，從而幫你實現專心地做自己應該做的事。

比如，我的一位朋友米蘭達最近遇到了麻煩。她是一家廣告公司的平面設計師，也曾經幫我做過一些印刷品的設計，我們因此而認識。最近她被投訴設計稿又慢又差勁，米蘭達知道，自己水準下降的原因是迷上了社交網路，無論是工作還是休息，她都願意拿出手機打些什麼，或和網上的好友交流互動，這占用了她相當多的時間和精力。

特別是在工作的時候，她腦子裡一走神想到什麼時，就會給自己發放「心理許可」，拿出手機低著頭打開APP寫點東西，然後順便看看朋友們都在說什麼，並即時回覆別人的留言和評論。但是當客戶再一次向公司表達不滿時，上司的臉色變得非常難看，米蘭達的壓力頓時大了起來。她嘗試著刪除手機上的社交網路APP，但是沒過半天，就控制不住自己重新安裝了回來。

這個時候，米蘭達想起了我，並給我打了電話尋求幫助。在我瞭解完所有的情況後，我讓她等我一會兒——我需要幫助她找到隔絕的辦法。

過了十五分鐘，我給她回了電話：「我幫妳想了個辦法，不過，我需要得到妳的信任和准許。」

「完全沒有問題，我信任你，現在只要能幫我戒掉這個癮就行！」電話那邊，米蘭達很著急地說。

「好的，請把妳社交網路的帳號和密碼發給我，我不會擅自註銷妳的帳戶，我知道那也是妳的『勞動成果』啊。但是我會修改妳的密碼，並暫時對新密碼保密，在妳覺得自己走出了這個艱難的時期後，我會幫妳修改回妳的原密碼。妳看這樣做可以嗎？」

電話那端停頓了幾秒鐘，她一定是在做艱難的掙扎，然後米蘭達說：「我這就發郵件，把帳號和密碼給你。」

幾分鐘後，我果然收到了她的郵件。在這之後，我可以想像到，米蘭達每次不自覺地拿出手機想要打開社交網路APP時，會突然想起自己並不知道新的密碼是什麼，用不了幾天，她就會放棄念頭，「心理許可」自然不會再出現了，她可以專注地工作了。

幾個月後，她心情不錯地給我打了電話，我把密碼幫她修改回了原來的。她跟我說，自己一定能夠在工作的時間保持專注。我相信，她可以。

我相信，如果願意，你也可以。

跳出舒適圈

在我大學剛剛畢業的時候，我面臨一個選擇，要不要去國外工作一段時間。如果去，意味著什麼呢？意味著很長時間內，我將會失去和父母家人相聚的機會；這也意味著，我和故鄉的朋友的關係可能會逐漸疏遠，不可能經常見面；同時也意味著，我將會到一個陌生的地方，結交新的人，開始新的生活，他們會不會不喜歡我？

總之，我會失去我之前建立的人際關係，一個人到另一個陌生的國度開始生活，我無法想像那會有多麼無趣和寂寞。這並不像是旅遊，而是工作，你需要在一個陌生的環境下工作，你可以想像吧。

這讓我感到恐懼，我幻想著自己獨自走在陌生的城市裡，生病的時候，身邊連個朋友都沒有，這得有多麼糟糕。而且，我還要適應當地人說話的方式和生活的習慣。

但是我還是做出了選擇，我把這次經歷視作一次機會。離出發的時間越近，我越是恐懼，我相信你也能理解我的感受。當飛機起飛的剎那，我反而變得踏實了，因為我知道自己已經踏出了這一步，剩下的就是堅持下去。

還好我在出發之前，就已經把自己可能遇到的各種糟糕情況都想了一遍，然後，我很快就適應了那裡的生活。工作逐漸步入了正軌，我和家人、朋友的聯繫也可以通過網路來實現，慢慢地，我有了新的朋友，我並不感覺孤單和寂寞了。

隨著時間的推移，我開始慢慢喜歡上那個地方，發現了很多新的樂趣。中間我利用假期回家和父母朋友相聚，帶給他們當地的特產。是的，我已經完全適應了那裡的生活，並把工作做得令人滿意。

兩年時間過去了，我甚至對那裡有些戀戀不捨，當我走下飛機，我甚至還有些失落。不過好消息是，這兩年的境外工作經歷，讓我得到了升職的機會，增長了不少閱歷，鍛鍊了自己的能力，還結交了不少新的朋友。再想想當時自己度日如年恐懼的樣子，我甚至覺得自己有些好笑。

現在想想，這段經歷給我的一個重要啟示是：改變會帶來恐懼，而一旦克服恐懼，讓改變變成現實，將會逐漸適應它並發現它的價值。

我一直生活的圈子就像一個「舒適圈」，既有溫暖又有快樂，但是我知道，離開這個「舒適圈」到外面工作兩年，對我的人生和事業更有幫助，我必須克服這種恐懼，去改變和適應。

多年之後，在我進行自制力方面研究的過程中，我逐漸發現人們的心中，都有一個「舒適圈」。大多數人的心理承受力和自制力都在這個「舒適圈」的範圍內，一旦要讓自己走出這個「舒適圈」，他們就會感到恐懼，就像我當年離開家時的那種恐懼感。

從另一個角度來講，你自制力的強弱決定了「舒適圈」的範圍。有的人覺得自己連續跑步一個小時後就渾身不舒服，「跑一個小時」是他的「舒適圈」邊緣；而有的人連續跑兩個小時也不覺得累，他或許還遠未到達「舒適圈」的邊界呢。

試想一下，如果我們逃離了目前的「舒適圈」，擴大它的範圍，讓自己能夠承受更多的壓力和艱辛，我們的自制力就會得到鍛鍊，從而達到新的高度。

這個過程就好像你之前只能慢跑一千公尺，超過一千公尺你就會頭暈噁心，那麼現在，你需要擴大你慢跑的範圍，你要朝著兩千公尺的目標而努力。當你連續跑兩千公尺都不會感到痛苦時，一千公尺對你來說還算得了什麼。在從一千公尺擴展到兩千公尺的過程中，你的肌肉、運動能力並沒有發生太大的改變，而發生改變的，是你的自制力，它變強了！

但需要指出的是，脫離原有的「舒適圈」之後，你會被新一層次的「舒適圈」所限制，如果你想讓自制力再提升的話，你必須再次突破新的「舒適圈」。你會問，那不就沒有止境了嗎？

不，當你擁有充分的自制力時，對你來說，你將不受到任何「舒適圈」的限制。當然，請不要著急，我們先來一起脫離目前的「舒適圈」吧，學習並逐漸掌握這種自制力不斷變強的感覺，真是太美妙了。

你需要怎麼脫離目前的「舒適圈」呢？你需要對自己提高要求，然後逐漸脫離！

首先你要反覆在心裡對自己說「我可以連續跑兩千公尺」、「我可以連續工作六個小時」、「我可以這個月只花一千塊錢」這類擴大「舒適圈」範圍的語言。在潛意識中幫助自己形成強大的心理暗示，這樣能夠幫助你減少行動時的心理負擔。

然而你並不需要馬上實現你的目標，這就像練習跳遠，在你最多只能跳出三公尺的時候，你會想著第二天跳到六公尺嗎？顯然只有笨蛋才會那麼想。但是你可以讓自己朝著三點五公尺的距離努力。

你的下一步行動可以是努力讓自己做到「連續跑一千兩百公尺」、「連續工作四個小時」、「這個月只花一千五百塊錢」等等，然後為著這個階段目標而努力，當你達到了階段目標之後，再繼續努力，你終將實現「舒適圈」的大幅跨越。

最後要說的是，這個練習的目的是讓你脫離目前的「舒適圈」，增強你的自制力，而並非去挑戰人類的極限，所以你的目標暫時不能太過誇張。

曾經有個人找到我說：「我想訓練出最強大的自制力，讓自己掌握五十種語言。」我對這個人的回答是：「我可以幫你提高自制力，但是我無法幫你擴大腦容量，所以，我恐怕無法幫你實現你的目標。」

我想用一句話結束這一部分的內容：「**你想要做好的每件事，都剛好在你的舒適範圍之外。**」這句話出自羅伯·艾倫——《一分鐘億萬富翁》的合著者之口。

告別對「明天」的依賴

關於大家對「明天」的依賴，在課堂上我聽得太多了，人們為「能拖一會兒是一會兒」找了各種藉口：

一位來自密西根州的女士說：「我總是覺得明天能賣出更多的產品。」

一位來自芝加哥的設計師說：「我也有這種感覺，我總覺得明天會更有靈感，但好像沒有。」

還有一位來自猶他州的教師說：「我總希望明天我能做點什麼有意義的事，而不是現在這樣一天天地重複下去。」

她說完這句話之後，另一位來自曼哈頓的雜誌編輯補充說：「是啊，我也總是期待明天能夠做點什麼，但每天我都覺得自己的時間不夠用。」

……

大家你一言我一語地發表了看法，我坐在講臺上微笑聽著。人們總是期待著明天去解決問題、改變生活，而「今天」只不過是為了明天的行動做做規劃、打打氣罷了。那麼，「今天」的意義在哪兒？請問現在的你，是活在「今天」還是「明天」？

今天的你，真的是被各種事物所安排得滿滿當當的，還是你總喜歡拖拖拉拉，把要做的事情和你的期望放到明天？

《高效能人士的七個習慣》、《與成功有約》的作者柯維博士曾經說過這樣一句話：「人們總是覺得時間不夠用，但大多數人卻總是把時間亂用。」

柯維博士這句話的深層次含義是：人們總是沒有把時間用對地方，所以造成了拖延。

但根據我的研究發現，即使很多人科學地採用時間管理法，也一樣會產生不同程度的拖延。按照之前流行的方式，人們會把事情分成 ABCD 等幾個級別，然後按照級別安排自己一天的工作和生活。在我的學員中，很多人也是採用這種方式來規劃時間，但是這並不能有效改善人們的拖延症。

人們可以做到科學的安排和短暫的高效，但無法持久地堅持下去，對於「明天」的依賴主要源自長期以來對「今天」的放棄，這種放棄主要是因為人們的自制力水準還不夠強大。

無論是外界的干擾還是誘惑，抑或是本身長期習慣造成的影響，很多人都不能在規定的時間內完成自己的計畫，所以才會對「明天」產生依賴。

這個時候我們需要擺脫這種依賴。我知道有的書中提到過一種方式，就是讓你假想明天就會離開人世，通過這種方式來敦促你珍惜今天的時光。我也曾研究過這個方法，但是收效甚微。因為人們的潛意識裡會告訴自己：「明天就逝去，那是不可能的。就算是真的，那更沒必要努力去做什麼事了。」

所以，我不會向我的學員推薦這種毫無效果的方法。但是有一種方法，我曾經在一些團隊中使用過，效果非常不錯，能夠大幅提升團隊中每個人做事的效率。其原理和之前提到的「制約機制」有些相似。

幾年前，一家小型ＩＴ公司曾邀請我為他們進行自制力方面的培訓。

在培訓的最後，公司的創始人史考特先生對我說，如果我能夠幫助他們提高一下工作效率就再好不過了。我想了想，答應了他，並給他提供一個方法。

我是怎麼做的呢？我讓公司購買了一個巨大的電腦螢幕，放在辦公區顯眼的位置。這個螢幕上會滾動播放每位員工當日的工作計畫，並隨機安排一個檢查員。例如狄恩是這家公司的工程師，他在今天的工作計畫是完成二十五頁代碼的編寫，這個任務量對他來說並不輕鬆。在下班時間，電腦會隨機安排另外一個員工來檢查狄恩的工作，可能是馬克，也可能是布萊爾。

這樣做的結果是，公司裡任何一名員工在工作時都會受到兩方面的制約：一方面所有的人都知道你今天要做什麼，雖然他們並不關心你是否能完成，但你會產生心理壓力，就好像你大聲對所有人宣布你今天的目標一樣，你還會拖拖拉拉的嗎？

另一方面是檢查你工作的人，每天你都會對不同的人做出承諾，你也希望能成為所有人心目中保持誠信的人，對嗎？同時，這樣做的另一大好處是還能增進同事之間的交流。

很快，史考特先生打來電話對我表示感謝——公司員工的工作效率有了顯著提高！如果你理解了這個原理，你也可以通過這種方式來制約自己，主動把自己的工作計畫、學習計畫等讓更多的人瞭解，然後讓他們檢查你完成的情況，長此以往，你會成為真正的高效能人士，而你也無須再用別人來制約你了。

我拒絕接受那個結果

雷霸龍．詹姆士，可能是NBA歷史上最為全面的籃球運動員之一，他能在場上打任何位置，在經歷過NBA比賽的多年洗禮後，二〇一〇年詹姆士加盟邁阿密熱火隊，並於二〇一二年率領全隊奪得了NBA總冠軍、總決賽MVP和奧運會冠軍等多項榮譽。

可是你知道嗎？在光環背後，詹姆士成長為巨星的道路並不容易。

一九八四年十二月三十日，詹姆士出生於美國俄亥俄州的阿克倫，他的母親葛洛莉亞．詹姆士當時只有十六歲。她從來沒有透露過詹姆士的生父，所以，詹姆士一直不知道自己父親是誰，而他的姓氏也跟隨了母親葛洛莉亞。

詹姆士出生後，和母親一起住在俄亥俄州艾克朗貧民區的外婆家，還是一棟租來的破舊老房子。詹姆士快三歲時，母親給他買了一套籃球玩具，他得到了人生中的第一個「籃球」。

在黑人貧民區，街上到處是閒逛的問題少年，也沒有正規的教練進行指導，連運動場都是破破爛爛的。對於那段時光的回憶，詹姆士說：「我的童年太糟糕了，我不知道自己應該站在外面抽菸還是回到教室，甚至我在想自己該不該做個小偷，幫母親減少點負擔……」

到了九歲，詹姆士加入了一支橄欖球隊進行訓練，但性格要強的他不願意去打四分衛，而且一直以來他最崇拜的偶像就是「飛人」喬丹。於是，他放棄了橄欖球，轉而開始練習籃球。

這個時候，一位退役的籃球運動員法蘭克．沃格爾走進了他的生活，並成為他的啟蒙老師。沃格爾對勒布朗說：「詹姆士，你希望你永遠住在貧民區裡嗎？你希望自己將來只能在超市打打零工嗎？如果你不想過上那樣的生活，你應該讓自己比別人更努力地訓練，到NBA去打球！」

沃格爾的話在詹姆士心裡留下了深深的烙印：「我很感謝沃格爾，他除了在訓練上給我很多指導以外，他讓我懂得『我為什麼要比別人更刻苦』，每當我厭倦了訓練的時候，他的話總迴響在我耳邊，我再也不想回到又髒又亂的貧民區，我拒絕接受那個結果。」

就是這樣，詹姆士在放學後，每天都訓練到很晚。逐漸地，連學校裡高年級的男生也不是他的對手了，詹姆士開始挑戰更高的目標，他開始嘗試練習各個位置的技術。他不容許自己失敗，「那種感覺就像回到艾克朗的老房子裡一樣。」詹姆士這樣說。

在高中時由於表現得十分搶眼，詹姆士就已經登上《運動畫刊》、《ESPN》等雜誌的封面，成為家喻戶曉的人物。十八歲時，他以選秀第一名的身分被克里夫蘭騎士隊選中，從此翻開了人生嶄新的一頁。

沃格爾的話為什麼能幫助詹姆士走向成功？因為沃格爾給詹姆士描述了最壞的情況：如果你不好好訓練，你很有可能還會像父母那樣住在貧民區裡，但你只要努力訓練，你就可以成為職業選手離開那種生活。要知道，貧民區陰鬱的童年生活是詹姆士心中最難以磨滅的印記。如果真是走不出貧民區，對於詹姆士來說，那該有多糟糕啊！

很多時候，「壞的情況」往往比「好的情況」更能夠激發人們的自制力。在做同樣一件事時，我發現那些總是提前設想壞結果的人，比那些總往好的方面想的人，可以堅持得更持久、做得更好。因為他們往往會把事情的結果想得很壞，所以做起事來會更專心。

如果你對做成一件事的渴望並不是很強烈的話，而同時你又未曾深入考慮過做不成這件事的負面影響，多數情況下，你會對自己放鬆要求：「如果失敗的話，也可以接受。」「如果沒做完的話，就算了吧。」這個時候，你的自制力就會薄弱，你只能接受放棄或失敗。

所以，我會給每位學員設計一項練習：思考五分鐘，想一想哪些事你之前可以做好，但是你卻沒有堅持做完，以至於現在的你十分後悔。想好這件事，然後把它或它們寫在紙上。我希望正在閱讀本書的你，也可以做這個練習。

五分鐘後，每個人都寫了至少一件讓他們後悔的事，我讓每個人輪流把自己所寫的內容大聲念出來。

我清楚地記得有一位學員是這樣說的：「我曾經是全美少年鋼琴比賽的獲獎者，也熱愛古典音樂，為了能把我培養成音樂家，我的老師要求我每天要練至少六個小時的鋼琴，但我的自制力沒有那麼強，堅持不了那麼久。我和老師大吵了幾次，最終我放棄了繼續學習鋼琴。我很後悔自己當初沒能按照老師的要求堅持下去，因為現在，我做著一份自己毫無興趣的工作，只為養家糊口，我看不到希望。」

他的經歷很具有代表性，試想如果他在當時能夠堅持下去的話，他的人生軌跡或許就會完全改變，沒準兒他就是下一個理查．克萊德曼！

也許你也有過類似的經歷，那種後悔的滋味真的不怎麼樣。既然如此，你會願意在未來的某一天，後悔今天沒有堅持完成的事嗎？現在，不妨就接著再思考幾分鐘，想一想如果放棄手頭的工作、計畫，未來會出現的「最壞的情況」，請把你的答案寫在讓你後悔的那件事的下面。

然後每當你感覺自己自制力薄弱時，就拿出來看看吧！

培養緊迫感的方法

我相信，如果可能，你一定衷心希望自己能夠成為最高效能的管理者、水準進步最快的歌唱家、成績飛快提高的運動員、體重掉得最快的減肥者等，你的期望都很積極，並願意為自己的期望努力改變。

遺憾的是，你就是提不起精神來。造成這種情況的主要原因是，你心中缺乏一種緊迫感，在潛意識中缺乏一種不停催促自己的力量。

帕金森定律足以證明這一點，人們總是在規定時間的最後才能完成任務，例如你的計畫規定的時間是五天，那麼你就可能在第五天晚上完成任務。如果同樣的任務你給自己規定的時間是三天，那麼你也會在第三天宣告完成。也就是說，你給自己限定的時間長度決定了你的效率。但大部分人並不願意給自己規定時間，或是願意給自己更充足的時間。

是啊，我也承認，只要時間容許，你就算沒有任何基礎，不慌不忙地學習任何知識，你都能成功。做個極端的假設，如果你願意花上百年的時間研究ＩＴ技術，你也可能成為比爾．蓋茲、賈伯斯那樣的成功者。

但現實是，你沒有那麼多的時間。

「如果我早點學完雲端課程就好了！」

「如果我早點看完那套教材就好了！」

「如果我早點完成那份任務就好了！」

「如果我早點精通那個軟體就好了！」

「如果我早點學會那門技術就好了！」

甚至，「如果我早點向那個女孩表白就好了！」

……

每一天，每一分鐘，世界上都會有人說出類似的話，人們抱怨自己在做某件事上浪費了太多時間。現在，也請你用自己的親身經歷來「造句」：如果我早點——就好了！

如果你不希望自己在未來還能「造」出很多這樣的句子，那麼從今天開始，培養一下你的緊迫感吧。

緊迫感是一種心理感知能力，要想培養這種能力，你需要不斷刺激自己。這種感覺有點像古羅馬時期訓練角鬥士的教練，他們拿著皮鞭不斷抽打著角鬥士，讓他們時刻不能鬆懈。現在你要做的是，找到這條不斷「抽打」自己的「皮鞭」！

上一節講到的「你拒絕接受的結果」，就是一條可以督促你的「皮鞭」，你需要不斷在頭腦中去冥想你不希望在將來發生的情況，這樣會讓你感到壓力。

另外，你甚至可以用更形象的表達方式來督促自己。我聽說有一位董事長就在自己的辦公室裡掛著一幅競爭對手的照片，並在這張照片的上面寫道：「在你休息的時候，他正在想方設法地戰勝你！」我相信他每次抬頭看到這幅照片和那句話時，會很自然地就在頭腦中產生緊迫感。

還有一位名叫貝克的會計師，他保持緊迫感的方式也很值得借鑑。貝克很愛自己的小女兒，並把小女兒燦爛微笑的照片放在桌子上，激勵自己為孩子努力工作。忽然有一天，他在網上隨便瀏覽的時候，看到了一張獲獎照片，這讓他觸動很大。這是一張攝影師在落後地區拍攝的照片，照片裡的孩子們因為貧困而衣衫襤褸、骨瘦如柴，他們看上去和自己的女兒年齡相仿。貝克沉思了一會兒，然後列印了那張讓人心酸的照片，並把它放在自己女兒照片的旁邊。他對自己說：「貝克，如果你不努力工作的話，或許有一天，安妮（小女兒的名字）也會陷入貧困。」

每當他對工作厭倦的時候，他就看看那兩張照片，然後接著努力工作了。雖然他的想法有些誇張和消極，但確實能激發他的緊迫感，提高他的做事效率。

生物學家的研究早已證明了這一點，人們做事時的緊迫感會幫助大腦分泌出一種物質，可以讓人的注意力更集中，自制力更強大，身體的機能也更出色。大腦中的能量和智慧會在這個時間段內集中釋放，完成平日無法完成的事甚至創造出奇蹟。

試想一下，如果我們始終能夠保持這種緊迫感，我們就可以讓大腦持續釋放出能量，可以讓自己更快速地走向目標，這難道不是你所期待的嗎？

你可以想想，生活中有哪些事、哪些人可以對你產生刺激的效果，能夠激發你做事的決心，把這些人和事放在最顯著的位置不斷提醒自己，你就能幫助自己遠離惰性，提高自制力的水準。

有效練習2 治癒「拖延症」

還記得馬丁內茲嗎？第一節裡我提到過的一位「拖延症患者」。他認為自己的自制力還不錯，「只不過有些事分散了我的精力」。的確，能分散我們注意力的事情太多了，但這只是自制力不夠強的表現。我的工作需要和很多人打交道，所以每一個白天都是忙碌而熱鬧的，但那不會影響我的效率，我也從來不肯被干擾，所以，你也能做到。我給馬丁內茲的建議是這樣的。

1 建立「制約機制」

為了讓妻子承認自己是一個負責任的人，也讓上司看到自己的改變，我建議馬丁內茲用及時完成任務來證明自己。但由於他的自制力較為薄弱，所以可以建立「制約機制」來幫助他。

在公司，向部門同事公開自己的計畫，分享進度，也邀請大家監督自己；在家裡，把這個練習向妻子講清楚，告訴她自己需要幫助。妻子很高興地答應了，認為他是一個對自己誠實與負責的人。

就這樣，馬丁內茲為了不在妻子和同事面前丟臉，對「拖延」這件事一下子重視起來了。

2 確定練習內容

我建議馬丁內茲每天晚上睡前，或者每天早晨醒來時，先列一張計畫表，寫上他這一天需要完成的事情。如果有些事需要花比較多時間，那就要在這件事旁邊寫上規定的完成日期。把這張計畫表隨身帶著，隨時提醒自己。

告別「拖延症」的練習內容，最主要的就是馬上開始行動。

我告訴他，一旦你有「我現在不想做這個」或是「別的時間再做這件事」這樣的想法，你馬上要警告自己：「我要拖延了！」警鈴響起了以後，你就要提醒自己：「我要有自制力，我要現在就開始行動。否則，我會重新回到原來的狀態，同時多了妻子和公司的質疑，我拒絕接受那個結果。」

除了馬上開始行動，還要排除干擾。或者說，在干擾中訓練自制力。

如果他不停地去看網頁新聞或者與同事閒聊，那就很難不被干擾。所以，馬丁內茲要做的就是，無視新聞、別人的聊天、社交網站等，專注於手頭的工作。等工作告一段落，可以在休息的時候調節一下。

3 給自己五分鐘

早上九點上班，馬丁內茲八點五十分到了辦公室，打開電腦，清理桌子，給自己倒杯咖啡，大致思考了一下今天的工作內容。

九點鐘，他還沒有開始工作。九點半了，他才剛剛開始準備工作。那半個小時，他做了什麼？他看了看新聞，瞭解這個世界上發生了什麼事，打開 E-mail 看了看郵件裡的各種廣告，看了看社交網站上的留言並且跟大家進行了互動……半個小時很快過去了。

我告訴馬丁內茲，如果你覺得九點鐘馬上開始做事情太難，那就給自己五分鐘，只有五分鐘。用這五分鐘的時間讓自己跨出第一步，同時暗示你的大腦和身體：「你們要準備好了！」同樣，做任何事情的時候，不要去想「明天怎樣」或者「等哪天」，頂多給自己五分鐘。

4 設立獎懲制度

獎勵自己的努力是十分重要的。如果你今天從來沒有被打擾到，什麼事情都在第一時間完成了，就給自己一些有趣的獎勵吧。比如，看一場橄欖球賽，多玩一會兒遊戲，在網站上看一會兒文章，想怎麼玩就怎麼玩。

當然，我建議他用一些「更健康」的方式獎勵自己。

既然遵守規則有甜頭，那麼拖延了也應該有懲罰！比如，假如今天被干擾了、拖延了，這週就不能再去熟悉的咖啡店喝心愛的焦糖瑪奇朵。

就這樣，幾個月之內，馬丁內茲不再為拖延症所苦惱。他向我表示感謝，而我祝賀他：「你真的很棒，因為你是一個有辦法讓自己打敗拖延的人。

第三章

掌控思想——自制力的核心力量

你關注什麼，就是什麼

無論準備得多麼充分，你在做任何事情的時候都會遇到難以想像的困難。你想完成的計畫越長遠，你的目標越遠大，你遇到的困難就會越多，而你需要的自制力的支撐力度也就越強。

問題是，你無法改變那些困難的存在，因為他們是客觀的，只要你去做事情，去爭取好的事情發生，你就會遇到這些難題，這並不以你的意識為轉移。

而且，你永遠無法與困難長期共存，要麼被困難所征服，要麼征服困難，你的選擇是什麼？如果你的選擇是後者，你該怎麼做？

你唯一能做的是改變你自己，讓你的自制力水準超過困難，不斷戰勝難題，就像蜘蛛人每次都能擊敗各種敵人那樣。

你需要怎麼做？改變意識的焦點。

舉個簡單的例子。埃爾文正在學習彈奏吉他，有一段時間他進步神速，掌握了基本的彈奏技巧，可是最近他在練習一首快節奏的曲子時遇到了問題——他試了很多次都無法連貫地彈奏下去。

這個時候，埃爾文的心理發生了變化，他不斷問自己：「為什麼我不能彈奏它呢？」請注意，他的意識焦點停留在「為什麼不能彈奏」這個問題上。於是，他會不自覺地為這個問題尋找答案：「是我沒有天賦嗎？」「是因為我的手指不夠靈活嗎？」「是我的吉他不行嗎？」等等。你有沒有發現，這些大腦中閃過的答案都是呈現出一種負面的意識。在這種意識的引導下，埃爾文會放棄繼續練習，結果是他不能很好地掌握吉他的彈奏技巧。

這個過程我們可以簡單地概括為：

困難產生↓錯誤的意識焦點↓負面答案↓無法解決↓終止行動

在這個過程中，你會發現，正如我們所說的那樣，困難的產生並不容易改變，它是客觀存在的；而意識焦點卻可以改變，它由你來掌控。

對於埃爾文來說，如果他把意識的焦點放在：「我怎樣才能彈奏好它呢？」情況就會發生改變，同樣他會在自己的大腦中尋找答案：「我是不是應該再多練習幾天？」「我是不是可以請教專業老師的指導？」「我是不是可以改進一下練習的方式？」等等。於是，埃爾文開始尋找最佳的解決辦法，他會繼續練習，並完成這首樂曲的演奏。

這個過程一樣可以總結為：

困難產生↓正確的意識焦點↓正面答案↓有效解決↓繼續行動

你看，生活中、工作中我們都可以用這個方法來戰勝困難，只需要糾正我們的意識焦點，我們就可以在困難到來之後「挺過去」。而且下次遇到困難時，你依然可以用這個方法來解決。

簡單來說，面對問題的時候，你需要改變自己心裡的提問方式，讓自己從「為什麼」中走出，轉變為「我怎樣」。在做這個練習的時候，我請學員們圍坐成一圈，依次提出一個自己最常問自己的「為什麼」問題。我聽到的是：

「為什麼我活得如此艱難？」

「為什麼我總是假裝自己快樂？」

「為什麼別人都不喜歡我？」

「為什麼我學不會拉丁舞？」

「為什麼我總和冠軍差一步之遙？」

「為什麼我總是偷偷摸摸地吃巧克力？」（全場一片笑聲）

「為什麼我的同學都過得比我好？」

「為什麼客戶總是拒絕我的推薦？」

……

在每個人都說出自己的「為什麼」之後，我相信每個人的感覺都很好，大家把困擾自己的問題當眾說了出來，這本身就是一種很好的釋放。在每個人發言的同時，會有不同的人點點頭，很多問題都是我們普遍存在或遇到過的。

接下來是讓意識焦點發生轉變的過程，我讓每個人從頭再說一下自己的問題，這回採用「我怎樣」的方式：

「我怎樣才能活得輕鬆點？」

「我怎樣能夠真正地快樂起來？」

「我怎樣讓別人喜歡我？」

「我怎樣能跳出漂亮的拉丁舞？」

「我怎樣贏得比賽的冠軍？」

「我怎樣能管住自己的嘴巴，不再偷吃？」（全場又是一片笑聲）

「我怎樣比同學過得都好？」

「我怎樣說服客戶買我的產品？」

……

不知道你感覺到了沒有，問題的改變會帶給你完全不一樣的感覺。在「我怎樣」的引導下，你的情緒還會停留在「為什麼」那樣消極的、甚至是有些埋怨自己的感覺中嗎？

顯然不會。我要求每位學員感受這個過程，並在每天不同的時間段，對自己問上幾遍「我怎樣」，看看自己能否找到最好的解決方法。這個練習很簡單，只需要你長期堅持下去，每天都練習，你會發生改變，自發地用正確的意識焦點去幫助自己思考。

當你那樣做了，你的自制力就不會被困難壓倒，反而逐漸增強了！

努力做到「身心合一」

我曾經遇到過一位在餐廳打工的服務生，他面無表情的狀態和眼神中流露出來的倦怠感，帶給我的訊號是：「這種無聊的、伺候人的工作，有什麼前途呢？」沒過多久，我再次到那個餐廳用餐時，這位服務生已經不見了蹤影。

人們總是在做著某件事，但是思想裡卻不認同自己做的事，這樣的結果就像這位服務生一樣：幹不久就放棄！

想想看，一位正在學習電腦技術的人總是對自己說：「學這個也就當個工程師，也不可能成為比爾．蓋茲。」你覺得他會堅持學好嗎？很有可能，他很快就會放棄學習，轉行做了別的什麼工作。

再比如一位參加馬拉松比賽的選手，在比賽過程中暫時落後，他會想：「我已經比第一名落後那麼多了，我還有可能成為冠軍嗎？」在他這麼想的過程中，他就已經放慢了腳步，最後他連前三名都沒有跑進去。

無論我走到哪裡，機場、車站、公園、餐館還是大樓，我都能從身邊行人的眼神中，看到這種「身心不合」的情況。出現「身心不合」的多數情況是人們在心中產生了對自己的質疑，這種質疑的結果是人們無法全身心地投入進去，於是自制力面臨巨大的考驗。

質疑來自你的心底，但卻不停影響著你的行動。在工作的時候，員工會想「上司讓我做這個工作有什麼意義呢」；在做銷售的時候，推銷員們會想「這個產品真的不錯嗎，顧客會滿意嗎」；在進行文學創作的時候，作者會想「這本書寫成之後會有人買嗎，會不會賣不出去幾本」……

這些質疑聲，就像觀眾一樣，當你準備登臺表演的時候，它們在底下發出噓聲，彷彿在對你說：「下去吧，你的表演糟透了！」「嘿，你還是練練再出來吧。」

產生質疑的根源在於，你對自己缺乏信心，也就是說，你自己不相信自己。很多事是你嚮往的，但從未做到過的，你不知道自己行不行，於是你在心中給自己打了一個大大的問號：「我真的可以嗎？」「我能夠做到嗎？」

克服這種質疑的方法，我在上面的部分已經講過，你需要學會轉移你的意識焦點。**把你的問題進行轉化，從「我真的可以嗎」轉化到「我可以如何做到」，這樣你的思想**

和行動就更容易形成一致，進而達到「身心合一」的境界了。

傑克．尼克勞斯，這位天才高爾夫球選手，在比賽中贏得了超過一百場冠軍的勝利，他的球技和風格深受全世界球迷的喜愛。但是一開始，他並沒有這麼優秀。傑克在最早練球的時候，總是顯得很笨拙，不是力量過大就是過小，這讓對高爾夫球充滿濃厚興趣的他倍感失落，他甚至懷疑自己：「我真的能打好球嗎？」

但是他的教練卻不這麼認為，他認為傑克的問題並不在於他是否有天賦，而是在於他總是太想打好每一桿球了，以至於越是打不好，他的心裡就越慌亂，才會總是出現失誤。於是教練走了過來，對他說：「傑克，在你出桿之前，先不要去想球能否一桿進洞，而是去想像一下擊球的過程和球的飛行路線。你可以試試嗎？」

傑克聽了教練的話，他試著在擊球之前開始想像自己用什麼樣的力度，怎樣的角度，球會飛出怎樣漂亮的弧線，在空中球會遇到怎樣的空氣動力，在何時劃出一條優美的拋物線等。起初，他發現球並沒有按照自己的想法飛行和著陸，於是他就去總結經驗，反覆模擬和練習那個過程。逐漸地，在打每一桿球時，他的想法和動作都能和諧統一，球基本上能夠按照自己預想的那樣飛行了。

你看，傑克成功的關鍵在於他的意識發生了轉變，做到了「身心合一」，從而可以把焦點放在打好每一桿球的技術動作上，降低了其他心理因素的干擾。而當他發現自己能夠有效地控制好球的線路時，他的自信心也會增強，心理干擾就會更少，他走上了正向迴圈。

現在回到你的身上，請你想想，有哪些想法使你產生了「身心不合」的情況，你該如何調整自己，清除那些負面的想法，讓自己像傑克一樣走上正向迴圈之路。我相信當你在頭腦中做出改變後，你，一定會成為一個能夠完全掌控自己的人。

學會權衡利弊

三年前的冬天，我受邀到明尼蘇達州的一家劇院為當地人進行公益演講。剛到那裡的時候，我遇到了一點麻煩，寒冷的天氣使我染上了重感冒。在演講開始的頭兩天，我感到頭痛欲裂，嗓子裡像著了火那樣疼，鼻子也聞不到任何味道。我的經紀人看到這種情況，於是便想和主辦方商量取消或延遲這場演講。

我聽他說完這個想法時，立刻否定了他：「一個去給別人傳授自制力的演講者，居然被感冒征服了？這難道不是一個笑話嗎？請你不要那樣做，我相信我能給聽眾帶來一場完美的演講。」

演講的那一天，我感到自己的身體情況可以用「糟透了」來形容，發著燒，身體感到寒冷，好在我的腦袋還沒壞。於是我登上了臺，開始向大家講解自制力的原理。

我感到時間過得很慢，嗓子越來越痛，但是我盡量用最大的聲音去啟發聽眾們。我試著放慢自己演講的節奏，但那沒用，我會感到更加痛苦。

索性，我忽略了身體的不適，拿著話筒努力地像健康時一樣演講。

就這樣，熬到中間休息的時候，我幾乎不知道自己是怎麼走到休息間的。到了休息間，我一屁股坐在椅子上，大口地喝著水。我的經紀人小聲地問我：「您要不要多休息一會兒，或是取消下半場的演講？反正這也是一次公益活動。」

他的話並不是對我沒有影響，做為一個感覺自己快要透支暈倒的人，我猶豫了一下，對他說：「讓我想一想。」

我坐在椅子上，開始思考，如果我放棄了後面的演講，我將會得到什麼呢？我會得到暫時的喘息、一次半途而廢的演講。而相反的，如果我堅持繼續演講的話，我的身體情況可能更糟，甚至跌倒在會場上，但也可能堅持到底，做一次完整的演講，讓更多的人得到自制力方面的提高。

我仔細權衡了一下，如果不繼續演講，身體的疼痛只能得到暫時的緩解，而繼續演講，或許能夠改變很多人的生活和命運。如果是你，你會做出怎樣的選擇？

我多休息了十分鐘，再一次站到臺上，得到了聽眾們熱烈的掌聲。是的，主辦方已經向大家描述了我的身體狀況，而聽眾的掌聲給了我極大的鼓勵。

結果是，我並沒有暈倒在會場中間。當我按照計畫講完最後一部分內容後，我甚至還為聽眾們又多講了十五分鐘。這是我這幾年來感覺最好的一場演講，當然，講完之後我在醫院裡躺了好幾天。但我感覺一切都是值得的。

這段經歷帶給你和我的啟示是：在自制力遇到考驗時，我們是不是可以通過權衡利弊的方式，讓自己堅持住，而不是簡單地告訴自己可以做到？

這個思考的過程應該是非常理性的，從行為控制學的角度來說，我們稱之為「理性意志」。你可以拿一張紙，中間用一條橫線和一條直線隔開，這樣這張紙就被你分成了四個象限。請在左上邊的象限內註明「短期損失」，右上邊的象限內註明「短期收益」，左下方象限內註明「長期損失」，而右下方象限內註明「長期收益」。

現在，你可以為你猶豫不決的事進行權衡利弊的分析了。曾經有一位經濟獨立、但存款幾乎為零的年輕女律師，就採用了這種方式，幫助自己養成了堅持每月儲蓄的習慣，她是這樣分析的：

短期損失：我不能隨意購買新推出的衣服、化妝品，不能隨意出入高檔餐廳；

短期收益：我可以每個月固定往銀行存入一半薪水；

長期損失：我將逐漸與「時尚潮流」越來越遠；

長期收益：我能在一年之內存夠買房的首付，在未來十年內還清貸款。

她把每個月做固定存款的短期和長期的損失和收益進行了仔細比較，最終她說服了自己——堅持儲蓄，並把那張利弊分析的紙放在自己的錢包裡，每當她有購物的衝動時，就看看它。

現在，她不光交了首付住進了新居，更令人高興的是，她的職位也獲得了提升。我想，這應該也可以算作她的長期收益，因為當她開始儲蓄的時候，我相信她會更專心地工作，能夠少花時間和精力在購物與享樂上，多一點心思放在工作中。

如果你是一位男性讀者，你一定會說，堅持儲蓄有那麼困難嗎？這還需要自制力？事實上，對於一個生活在紐約的都市女性來說，特別是花慣了錢的年輕女孩，不花錢往往比賺錢更需要自制力。

我堅信一點，就是當你在一方面有所損失時，你一定會在其他方面得到收穫，這是一種平衡，你不會真的有太多損失。

只不過，很多人在做事情時，都會被短期損失所蒙蔽，他們看不到堅持做某件事的短期收益和長期收益。那麼，你希望你是這樣的人嗎？

主動贏得一切

在你的生活中，我相信你總會遇到這種情況：當你在做某件事遇到困難的時候，你身邊最親密的人一定會對你說：「麥克，我建議你先不要想它們，好好休息一下吧。」或是：「琳達，妳已經盡力了，何必再去勉強自己。」

我相信他們是真心為你好，但實際上卻並沒有幫助到你，相反，他們會給你造成心理上的負擔：「人們希望或要求我那樣去做！」無形之中，在別人的期待下，你失去了對自己行為的控制力。這難道不可悲嗎？

你是為誰而活？是為別人還是自己？你是想按別人希望的「那樣」去做，還是想按自己希望的「這樣」而活？在你的身體裡，誰是你思想的主人，是你自己，還是希望你「那樣」去做的人？

我們終此一生，就是要擺脫他人的期待，找到真正的自己。如果你不希望成為別人思想的「傀儡」，就要想方設法地掌控自己的人生。

講到這個問題時，我總會給學員們播放一段錄影，是對一位名叫朱莉安的女士的訪問，她和我們分享了她的一段經歷，讓我們來聽聽她都說了什麼。

那天是這樣的。我在家裡進行平常的健身操課，接著是烹飪和另一組三十分鐘的跳繩，同時做一些身體訓練。我收拾好臥室的窗簾（我們剛剛搬進新房），然後出門購物，回家吃午飯，打掃完畢，我躺下休息。

一切和平常一樣。我醒來，想拿起塑膠水瓶喝一口水，不料竟弄掉了瓶子，我感到恐慌。我試圖撿起瓶子，卻滾下床去了，我知道的最後一件事是，我一直試圖抓住我抓不住的瓶子，我想知道我的手出了什麼事，為什麼動彈不了，我一直試著，試著……

後來我被丈夫搖晃著醒來，醫生丟下一枚炸彈：我中風了。

檢查後，我根本沒有什麼問題，但我仍然不會說話，整個右半身無法動彈。我無力地躺在那兒，茫然於診斷的結果。

我被告知，我的腿莫名其妙地產生了一些血凝塊，它轉移到了我的腦部，又返回嵌在我的喉嚨左側：這就是為什麼我說不了話和移動不了我的右半身。

好消息是：不用手術，只需要用藥物來溶解我的血凝塊，當然還有大量的物理治療。

這個沒有明顯症狀的中風，原因顯然是模糊不清的，可能是遺傳或壓力。

從醫院回來後，我驚恐地看到我走路、說話、吃東西的能力被完全改變了。確信不疑的是，這些事我不再能輕易地做到，我得重新學習，幾乎像個小孩一樣學習走第一步。

怎樣去繼續我的健身操課，這是唯一困擾我的事情。人們呢？不停地告訴我，我應該高興自己還活著，但對於我來說，這比死本身還要糟糕。

我的丈夫甚至希望我放棄所有運動項目，踏踏實實地在家休息。他對我說：「朱莉安，妳應該學會接受現狀，慢慢來，妳能適應。」

他的話對我並沒有起到任何安慰的作用，相反，我更加堅定了要努力恢復自己健康的決心。每當我去見醫生，我一直要求他告訴我實話：我還能繼續健身操課嗎？

對此，他表示答案掌握在我手中：練習是唯一能讓我快速恢復運動能力的方法。停止沉浸在自我憐憫中，去做一些積極的事情，因為我越是拖延，就越會減緩我的進步，我要做我以前能做的一切。

這就夠了，對康復的渴望推動我跟著物理治療師努力訓練，他幫我做簡單的練習，例如：寫字、翻書頁，用剪刀剪東西，拿起玻璃珠子又放回杯裡，穿針線等。

那些以前我能輕易做到的事，現在超出了我的能力，加上我還要重新學習走路、說話、吃東西，這一切都非常地令人沮喪和鬱悶。我從沒忘記我的目標，能夠繼續我的健身操，這使我不被擊倒，也不放棄。

我經常努力訓練兩三個小時去征服所有困難，雖然它們實際上是很簡單的事情。就這樣八個月後，我完美地恢復了（醫生說是98%）健康。我又可以開始上我的健身操課了，還有我中風前做得很好的所有事情。甚至沒有人相信我曾經中過風。

到現在已經十多年了，我必須說是我的決心和自制力讓我沒有沉淪，沒有沉浸在自憐和絕望中。既然我可以做到，我相信任何人也可以做到。

每次播完影片，我都能看到很多女學員流下了眼淚。一個身患中風的女性，在身邊大多數人都希望她學會接受現實的時候，她選擇了堅持訓練直到完美康復，這種強大的自制力難道不值得我們每個人敬佩嗎？

你也能像朱莉安那樣強大，只需要三個步驟就可以做到。

1 堅定你的想法

是的，你必須堅定。你可以通過之前我們講到的方法，讓自己確定想要堅持做的事，是對自己的生活有積極意義的事，也是你有信心做好的事。

2 讓他們「閉嘴」

現在，你需要說服那些影響你的人，把你的想法和他們溝通，你只有真正說服了他們，他們才不會繼續扮演你行動的「指揮官」，你才能更毫無負擔地去做任何事。

3 證明給別人看

最後，如果你前兩步都已經完成了，你已經別無選擇——只能依靠行動證明給別人看，如果你不能做到你說的那樣，下一回別人會變本加厲地來影響你、說服你。

這三個簡單的步驟將會幫助你擺脫別人的影響，但你需要堅持到底，否則一切會成為空談。

克服內心深處的恐懼感

我們為什麼會感到恐懼？是什麼讓我們如此害怕？

很多人把恐懼看作「此路不通」的指示牌，恐懼感一旦產生，人們首先想到的不是戰勝恐懼，而是「我行不行」或是「乾脆放棄吧」。我的大多數學員都有這種感受。我們會圍坐在一起，單獨討論恐懼。來自尼爾森公司的學員馬索說：「我是做資料銷售的，我時常會感到恐懼，而且害怕失敗，害怕自己不能完成上司指定的銷售任務，被他臭罵一頓。所以我有時真想換個工作，何必給自己這麼大的壓力呢？」

小型獵頭公司的創辦人吉米說：「我會經常害怕，做為一家小型企業，金融危機很容易讓我們的公司倒閉，很多同行都停業了，我害怕自己成為下一個。我也想過轉讓自己的公司，但又不捨得，它就像我的孩子。」

立志成為脫口秀明星的羅伯特說：「我的恐懼在於，我時常想像自己站在臺上能否逗樂觀眾，如果一分鐘內不能聽到笑聲和掌聲，我想我這輩子大概無法再登臺表演了。」

無論是因為外界環境的壓力，還是因為我們對自身缺乏正確的認識，不管是哪種原因，人們在走向更高的目標時，確實產生了恐懼的心理。

恐懼會影響自制力的水準嗎？這個答案是肯定的。最明顯的例子是那些戰爭時期的逃兵，因為對死亡的恐懼，他們堅持不住了，自制力耗盡了，灰溜溜地逃跑了，丟下前線的兄弟們不管了！

無論你的計畫是什麼，你想做成什麼，這些都可以比喻成一場戰役。

你的思維、行動、人際關係、情緒可以看成是你的「衝鋒隊」。但不幸的是，你的情緒被恐懼主導了，你「衝鋒隊」裡的一個重要成員打算逃跑了，這次戰役你還能堅持打下去嗎？或許你還沒往前走兩步，就要舉起白旗，宣告投降了。

因為職業的緣故，我看過數百本潛能開發和成功學的書，大部分的書都在告誡人們要樹立遠大的目標，付諸行動，卻很少有人在講如何克服恐懼。但根據我的經驗，無論你想要實現何種目標，長期的、短期的，一旦目標確定，計畫開始，恐懼感即來。

無論你把目標定為徒步旅行一個月，還是增加一倍的收入，抑或是創立一家賺錢的企業，這些都是你嚮往的、想要變成事實的事。你會在心裡想像兩種情況的出現：一種是你做成了，你快樂了；另一種是你失敗了，目標泡湯了。而恐懼感就源自你對後一種情況的想像。

請注意我用了「想像」這個詞。是的，大多數的恐懼並不是來自事實帶給我們的感知，而多數是人們自己幻想出來的情況，通俗點說，就是自己把自己嚇住了。所以克服恐懼的最好方法，就是讓自己從嚇唬自己變成鼓勵自己，然後實現你的目標。下面有三個步驟，可以幫你實現這一點。

1 識別恐懼

我曾經也被《德州電鋸殺人狂》這樣的電影嚇到過，那種突然而來的襲擊，血淋淋的畫面，讓人喘不過氣來。我們在看電影的時候，因為過於投入，總覺得那是真的，所以會產生恐懼感。

後來，我再看這種恐怖片的時候，我在心裡不斷告訴自己：「那些都是假的，無非是電影特效罷了，有臺攝影機正對著那個面具殺手，導演或許正在一邊喝著咖啡。」這樣想，讓我感覺好了很多，因為我打破了那種心裡虛擬的「真實感」。

讓你感到恐懼的其實並非真實的，拆穿這種幻想，你可以這樣做：

我想要＿＿＿＿＿＿，但我會幻想＿＿＿＿＿＿，其實是我把自己嚇到了。

例如：

我想要擴大銷售業績，但我會幻想完成不了任務而被上司臭罵，其實是我把自己嚇到了；

我想要拓展新的業務，但我會幻想公司在危機中倒閉，其實是我把自己嚇到了；

我想要成為脫口秀明星，但我會幻想觀眾不買我的帳，其實是我把自己嚇到了；

……

2 重建信心

當你恐懼時，想想自己曾經戰勝恐懼的經歷吧。無論是學游泳、學開車、學溜冰，你都經歷了從「不會」到「會」的過程，你都曾經恐懼過。

例如你學開車時，我相信你肯定有過一段時間，怕得手心冒汗，高度緊張。但結果是什麼？你現在一樣開得非常自如，你連腦子都不用動，就能開著車到你想去的地方，不是嗎？

任何新的體驗、新的變化，都會或多或少地在你心裡產生恐懼感，這再正常不過了。請你相信，你過去的經歷可以帶給你自信，感受那個過程，建立起更強的自信心，就能獲得更強大的自制力。

3 縱身一躍

水燒到 99℃ 也沸騰不了，差的就是那 1℃，不要退縮，不要總想著壞的結果，多去想想你堅持到底能獲得什麼，你的目標實現後你會有多快樂，把那 1℃的水燒開，你就贏了！

廣告經理理查．保羅．伊凡斯寫了一本名為《第一份禮物》的書，朋友讀完了都很喜歡，但是沒有出版社願意出版，於是他自費出版了這本書。在一次全國圖書展銷會上，他發現了一個機會——暢銷書作家簽名區有一位作家沒有到場，他雖然害怕被主辦方轟出會場，但他還是豁了出去，「厚著臉皮」坐到了那個位子，擺上自己的書開始給讀者們簽名。一年後，他的《第一份禮物》賣了八百萬冊，成為了超級暢銷書，一舉登上了《紐約時報》暢銷書排行榜第一名。

理查完成了那最後的一躍，他的目標實現了，他成功了，他把水燒開了。換做是你，你可以做到嗎？

為什麼不呢！

牢記你想要的結果

無論你做什麼，是否努力，都會有兩個結果出現，一個是你想要得到的結果，另一個是你實際得到的結果。

例如你想在三十天內學會游泳，這是你想要的結果，但實際上你得到的結果是什麼？你花了六十天才學會，或是三十天時你只能游上幾公尺。再比如你想用十週時間掌握一門程式設計語言，但實際的結果是，你在第五週的時候就學不下去了，或是你花了一年時間才掌握。

很多時候讓我們備感失望的是，自己想要的結果和我們實際得到的結果差距很大，問題出在了哪兒？一方面，不排除我們想要的結果超出了我們能力的極限，另一方面，也是出現最多的情況，人們在行動過程中由於自制力的脆弱，導致了自律性的降低，所以不能高效高質地完成每一階段的計畫。

很多人在做事情時，會陷入一個陷阱，就是他們相信只要自己做了就會實現自己想要的結果。但這樣想的人，往往會出現兩種情況：一是在規定的時間內得到糟糕的結果；二是往後調整自己的計畫，用更長的時間來實現想要的結果。

溫妮曾是我的私人助理，她剛開始跟隨我做事的時候，就出現了這種情況。我讓她幫我整理一份資料，並告訴她，我希望她用三天時間整理好。

但是到了第三天，我卻沒有拿到資料，這讓我很生氣，但我也沒說什麼，只是督促她儘快，又過了三天她終於交來了資料。我看了看，然後表揚她做得不錯，但是我鄭重地告訴她，我希望下回她能夠按照規定的時間完成工作。她點了點頭：「先生，我下回一定可以做到。」

又過了一段時間，我交給她類似同樣工作量的任務，並希望她用三天時間做好。第三天下班前，溫妮風風火火地抱著自己做好的文件放到我的辦公桌上。這次，時間上她做到按時完成了，但是內容上卻一塌糊塗，我基本需要重新來做。這讓我一下子火冒三丈，恨不得立刻讓她收拾東西走人。我把溫妮叫了過來，狠狠地批評了她。

結果，她當著我的面哭了。這讓我本來想炒掉她的心一下子軟了下來，等她心情平靜之後，我問道：「溫妮，妳是否願意繼續在我這裡工作？」

「我願意，先生。」

「好的，我也認為妳能做好這份工作。妳看，我還曾經表揚過妳的工作，對嗎？」我問她。

「是的，您那次表揚我讓我高興了很長時間。」溫妮點點頭，「我這次雖然按時完成了工作，但是我確實做得不好，這是我的錯。」

「妳覺得妳的問題出在了哪裡？看看我們能否一起解決它。」

「我並不是想敷衍您，我在工作的時候總是想著您的要求，生怕自己不能按時完成工作。」

「這樣並沒有錯啊，但是問題是為什麼做得這麼混亂呢？」

「可能是我對自己的要求太鬆懈了。我在前天和昨天工作的時候，總是告訴自己還有時間，不要著急，於是我就真的沒有著急……可到了今天早上，我發現還有很多的任務要完成，我一下子慌了，於是……」

「哦？好的，溫妮，我明白了。」我心裡想，她是一個帕金森定律的典型「患者」，「如果妳想在我這裡繼續工作下去，我給妳提個要求，妳可以做到嗎？」

「我想我可以的，先生。」溫妮點點頭。

「這是一個很簡單的要求，分成下面四個步驟，作為一個迴圈。只要妳做到了，妳不只不會出現任何工作失誤，而且會對妳的人生有很大的幫助。」我看溫妮在認真地聽著，便繼續說：「首先，妳要把工作任務按照時間劃分並列印出來放在辦公桌明顯的位置，這樣妳會知道在什麼時間做哪些事情。然後是關鍵的第一步，妳需要在頭一天下班前把第二天要完成的任務準備好，例如材料、聯絡人的名單等；第二步，在第二天上班的時候，妳需要讓自己在上午完成這一條計畫的至少60％的工作內容；第三步，在下午妳完成當天任務後，妳需要對自己做個檢查，是否按照品質完成了任務；第四步，彌補自己的遺漏。如果有時間，妳可以提前完成隔天的部分工作。當這四個步驟結束後，妳會回到第一步的時間點，然後再繼續開始這個過程。妳可以理解嗎，溫妮？」

「我想我可以！」溫妮使勁地點頭，「我明天就開始這麼做！」

「不，我要求妳今天就開始。妳今天交給我的工作需要重做，請妳按照我剛才說的那樣開始執行吧。把任務的結果和妳的規畫寫出來，然後按照步驟來行動，好嗎？」

「好的，先生，我現在就開始。」

這天，溫妮加了班，按照我的建議重新開始規劃自己的工作。那麼結果呢，三天後她忐忑地重新交了自己的工作結果，這次她做得非常棒！

而現在，溫妮成了我的得力助手、公司的合夥人之一，她已經可以獨當一面了！

你只需要時刻牢記你要的結果，並科學地規劃自己，你就能夠成為既能獲得成效又自律的人，久而久之你做任何事情的持續力都能夠加強，你想要的結果和你實際得到的結果就不會出現巨大的偏差。或許，你能得到更好的結果呢？

當然，一切取決於你自己。

把「放棄」從你的辭典中剔除

暢銷小說《毒木聖經》的作者芭芭拉．金索沃曾經說過這樣一句話：「當你的稿子又被一位編輯退回時，請不要氣餒，這不是拒絕，而是一個機會，讓你把它寄給『能欣賞我作品的編輯』的機會，請你繼續尋找正確的地址吧。」

生活就是這樣，在你實現夢想的道路上，總會遇到各種拒絕和磨難，有的人輕而易舉地放棄了，有的人猶豫半天最終放棄了，這些人都是各種各樣的失敗者；當然，還有一部分人根本沒有考慮過「放棄」，反而成功了。

看到這樣的人，你或許會說他們「傻人有傻福」、「運氣真好」，但其實並不是你想的那樣。很多人因為在性格中沒有「放棄」的意識存在，所以他們才會做任何事都能全力以赴，目標專一，釋放出強大的自制力，從而實現他們的目標。

也就是說，他們的辭典裡根本沒有「放棄」這個詞，所以對於任何困難，他們的意識焦點都會自動放在解決困難上，而不會產生一些消極的想法。

黛比・瑪康貝正是這樣一位女性。她曾經有一個夢想，就是成為一個作家，但一直以來，她的身分只是一位每天接送孩子的家庭主婦。為了實現她的夢想，她買了一臺二手的打字機，並在孩子們上學的時間內開始寫作。但兩年過去了，她沒有寫出任何作品來，以至於她的丈夫韋恩對她說：「親愛的，雖然妳一直在努力，但是卻沒有絲毫成效，我覺得僅靠我自己一個人的收入很難維持這個家了。」

黛比聽完丈夫的話，心裡很是失落，煩亂的心思讓她整晚睡不著，她在想著如何能夠一邊照顧家人，一邊找份工作，一邊繼續她的寫作。但這真是個難題，因為時間就是那麼有限，她感到十分痛苦。她的丈夫察覺到了她的情緒，便問她怎麼了。

黛比堅定地說：「我覺得自己能夠成為一名作家，我真的可以做到。」

韋恩沉思了一會兒，嘆了口氣對她說：「那麼，親愛的，如果妳堅持自己的想法，那妳就繼續寫作吧。」

在這以後，黛比繼續利用孩子上學的時間進行寫作，她一個字一個字地，持續寫了兩年，而在這段時間裡，她和家人的生活過得非常拮据，極少買新衣服，甚至連聖誕樹也沒有買過。黛比覺得非常愧對自己的家人，於是更加努力地寫作。

在長達四年多的堅持寫作後，黛比成功簽出了自己的第一本書。當她拿到首付版稅時，請全家人到高級餐廳好好吃了一頓，並給丈夫和孩子們都買了新衣服。這還不算完，黛比繼續一本一本地寫，一本一本地出版，到現在為止，黛比已經出版了幾十本書，累計銷量上千萬冊，其中有好幾本都成為了暢銷書。

這就是黛比的故事，現在他們一家人住在佛羅里達的別墅中，享受著幸福快樂的生活。而她的丈夫韋恩則非常感謝黛比，感謝她為全家人帶來的一切。

在你和我一起分享黛比成功的故事中，你得到了什麼啟示？

你會覺得黛比是「傻人有傻福」的家庭主婦嗎？還是覺得黛比僅僅是「運氣很好」？在堅持兩年艱苦寫作而毫無收穫時，換做是你，你會不會考慮放棄這項「沒有前途」的事業？乖乖地回到現實中，幫助丈夫分擔家裡的經濟壓力？

黛比卻沒有那麼去做，即使她的丈夫希望她放棄寫作事業，但她卻在想著如何擠出時間寫作，而根本不會考慮放棄。所以黛比能夠成功，而大多數時間充裕、毫無負擔的人卻不能。

這就是心靈控制的力量，當你自制力堅定的時候，能量將會隨之變得強大，你會吸引到好的事情發生，並讓自己保持在「身心合一」的境界中。

我相信，黛比的經歷可以給那些懷抱夢想，卻總是缺乏自信的人最好的鼓勵。你只要不放棄，堅持到底，你就會看到希望。

在你看到光明之前，我相信你會陷入到黑暗當中，你會感到恐懼，但是請你不要把「放棄」拿到你的辭典中，而是最好把它丟到一邊。請相信，總有一些自制力方面的弱者會去撿起它，但卻不應該是你。

使用「精神刺激法」

不放棄，你就可以做成你想做的事，成為你想成為的人。但在行動的過程中，你總會有疲憊感和倦怠感，如果你覺得權衡利弊這樣的「理性意志」方法不能有效發揮作用的話，你可以嘗試使用「感性意志」的方式，通過感性的刺激來激發自己的自制力，就像一根針插入你的神經，能夠讓你一下子為之一振。

當然，我只是打個比方，你不要為了體會那種感覺，真的去拿針傷害自己。在這本書裡，我們傳授的方法都是從心靈控制理論的角度去做的，不會涉及任何危險的動作，那不是我們所希望看到的。

言歸正傳，說到「感性意志」，你可以想像一下，生活中有哪些短暫的經歷曾讓你「怦然心動」，觸動過你的神經？這個問題我也在課堂上問過我的學員。

一位男士很踴躍地回答：「就在最近，我在加油站碰到過一個美女，她是我見過最漂亮的女孩。我當時心就『怦怦』地跳了起來，可惜啊，後來沒有發生什麼。」

「哈哈哈！」全場報以笑聲和掌聲。

「好的，還有人想說說嗎？」

「在我上國中的時候，曾經被一部電影裡的恐怖鏡頭嚇到過。」一位女士主動發言，「我以為那只是一部很一般的電影，但沒想到突然從背後出現的面具殺手把我嚇了一大跳，這讓我很長一段時間都不敢一個人走路了。」

「是的，我相信那刺激到了妳的神經。」我點點頭，「繼續，看看誰還有更有意思的經歷？」

一位年輕的小夥子說：「我在幾年前嘗試了『高空彈跳』的活動，那種瞬間從天上掉下去的感覺，讓我身上的每個毛孔都張開了。我一輩子也忘不了那個瞬間。」

另一位女士說：「我曾經在一家餐廳裡見到過湯姆．克魯斯，他離我是那樣地近，我激動得手心出汗，但是我當時沒有勇氣走過去和他打招呼。到現在我還能想起他在對面桌上說笑的樣子。」

「唉。」大家都替這位女士感到可惜。

……

你看，每個人在人生的不同階段，總會遇到一些讓他們怦然心動又難以忘記的事情，而這些事情從視覺、聽覺、觸覺等方面刺激著人們的神經，這就是「感性意志」的基礎。

當然，我這麼說並不意味著在你意志不堅定時，你可以用欣賞美女、看看恐怖電影、玩高空彈跳等方式來刺激自己的神經，但是你總能找到一些方法，可以激發出你強大的自制力和對成功的渴望。

我的朋友米勒先生是一位值得尊重的人，他白手起家，用幾十年的時間建立了一家大型印刷公司，按理說他已經到了該退休的年齡，但是每次看到他，我總是被他高昂的鬥志和充滿激情的工作態度所感染。

「你是找不到接班人嗎，米勒？」我一邊和他品味著手裡的威士忌，一邊開著玩笑地說。

「我的大兒子商學院畢業，並在我的公司裡工作了多年，他熟悉每一個環節。」米勒微笑地說，「我相信他能接替我的位置，而我的女兒也在奇異[5]工作多年，她應該也沒有問題。」

「那不很好嗎？你可以退休了，打打高爾夫，出海釣釣魚。」

「不，我不想停下來。」米勒頓了頓，接著說：「我有一個祕密，我很少與人分享，今天不妨和你說說吧，老朋友。」

「洗耳恭聽！」我立刻打起了精神，很想聽一下這位成功企業家的祕密。

「那是很多年前，我還沒有創立公司，只是一家小型設備製造公司的員工，掙的也不多。那家設備公司的老總林肯先生是一個很友善的人，他記得每一個員工的名字，包括我的。有一年，我被評選為當年的最佳員工，除了一定數額的獎金以外，林肯先生邀請我去他家做客，這對任何一個員工來說都是一種莫大的榮譽，對嗎？」米勒看著我。

「是的，那是一種榮譽。」我點點頭。

「我很高興地去了他家，那是在郊區的一棟小別墅，真是太漂亮了，精雕細琢的樓梯，各種精美的擺設以及寬敞的花園，我從沒有進到過這樣的房子裡，我在那裡度過了一個愉快的晚上。回到家時，我的母親正在那裡玩填字遊戲。我看到自己又小又老的公寓，便對母親說：『媽媽，我今天去了一個真正的別墅，我將來也要住在那樣的房子裡，當然，我也要讓您和我住在一起。』你猜我的母親說了什麼？」

5 奇異：Gerneral Electric Company，簡稱GE。是源自美國的跨國型綜合企業，旗下產業包括電子工業、能源、運輸工業、航空航太、醫療與金融服務，業務遍及世界一百多個國家。

我搖了搖頭，表示實在猜不出他母親說了什麼。

米勒拿起酒杯，抿了一口酒，聲音有些大地說：「她抬起頭，很認真地看著我說：『米勒，我勸你老老實實地活著吧，你這輩子都不可能住到別墅裡！』她是真的那麼想的嗎？這是一個母親對孩子的『鼓勵』嗎？我本來愉快的心情立刻一掃而光，回到自己的小房間裡發呆。」

「我能感受那種滋味。」我點點頭，想像著那個畫面，心裡十分理解。

「是啊，我恐怕一輩子都忘不了，我母親對我說的那句話和那個場面。每當我鬆懈的時候，我都能聽到她說的『你這輩子都不可能住到別墅裡』，這就像一根針，刺痛我的神經，讓我一刻都不能停下來。這就是這麼多年來，我一直在勤奮工作的祕密，我早已原諒了我的母親，但是我卻忘不掉那個情景。你可以理解嗎？」

「是的，我非常理解。」我舉起酒杯，向他致敬。這就是米勒先生的故事和他的祕密。從「感性意志」的角度來說，米勒母親的話（聽覺）和當時的場面（視覺），就形成了強烈的精神刺激源，能夠不斷激勵米勒為事業打拚，最終幫助他成為優秀的企業家。

根據我的研究，這種非正向的激勵往往更能激發人們的自制力，特別是涉及尊嚴、

形象、地位等方面，對人的刺激效果更明顯。對於自制力不夠強大的你來說，仔細想一想，你能否找到這樣的蛛絲馬跡呢？

不妨拿出筆來，試著想一想、找一找吧！

我曾經被＿＿＿＿深深地刺痛過，我永遠不會忘記＿＿＿＿。

我曾經看到＿＿＿＿，我會經常用那次經歷來提醒自己。

我曾經遭遇過＿＿＿＿，我希望自己一輩子都不再遇到同樣的事。

抱怨會讓精神力量流失

誰都知道，抱怨並不能解決問題，反而會讓情況變得更糟。但是，在今天抱怨幾乎成了人們生活的一部分。

街頭巷尾，你能聽到人們在抱怨各種事情：經濟不好、裁員、不聽話的孩子、物價、情感生活、學習、體重、健康等等。沒有什麼是不被人們抱怨的，這是一個充斥著各種抱怨之聲的世界。

靜下心來，想想我們抱怨的過程，你能得到什麼？除了心理上的安慰，你什麼也得不到。不是這樣嗎？你真的得到快樂了嗎？還是你解決了問題？

我也曾經為小事抱怨過，還記得二〇〇九年的冬天，我要坐飛機從芝加哥到紐約進行一次演講。我憋著一股勁兒，要知道紐約的聽眾可是全世界最挑剔的，我要帶給他們真正的自制力演講，一次震撼心靈的演講。我拎著行李箱，早早就到了機場，一邊翻看演講的提綱，一邊等著登機的廣播。

起初，我可以安安靜靜地看著手上的提綱，做著記錄，但隨著時間的推移，我心裡起了一些變化：「怎麼還不登機？」我看了看時間，已經距離飛機起飛的時間不到半個小時了。「怎麼回事？」我扭頭問了身邊同行的乘客，他們也表示不知道。

有幾個人開始不停地走到登機口詢問情況，後來，有個人垂頭喪氣地回來對我們說，因為天氣的原因，我們要乘坐的飛機還沒到呢！

這個消息讓我一下子火冒三丈，雖然距離演講還有足夠的時間，但是誰願意在機場冷冰冰的座位上等好幾個小時呢。我開始和坐在身邊的人說：「我上次坐飛機就晚了三個小時。」

旁邊的那位女士點點頭，也十分生氣地說：「可不是嘛！我相信我在紐約的女兒早已經出發到機場等著接我了，我真不想讓她等那麼久！」

「是啊，紐約的交通那麼差，你的女兒一定出發得很早。唉，看來今天我大部分的時間都要浪費在路上了！」

另一位男士也加入了我們的對話，很無奈地說：「咳，各位，天氣不好，有什麼辦法啊？」

「天氣不好？他們賣票收錢的時候可不是這麼想的。他們浪費了我們多少時間，難道我們的時間不值錢嗎？」

就這樣，我坐在機場裡和其他乘客你一言我一語地開始抱怨，直到飛機晚點兩個小時到達後，我們才悶悶不樂地登機。

我坐在飛機上，拿出演講的提綱繼續準備，卻發現自己的情緒被剛才發生的事情弄得很差，感覺自己根本看不進去。

這讓我感覺很糟糕，我開始回想這個過程，我得到了什麼？在得知飛機晚點後的那段時間裡，我無法耐心地準備演講，我開始像個愛抱怨的人一樣和身邊的人發洩我的不滿，情緒變得很糟糕。我坐在飛機上，這股混亂的情緒讓我無法集中注意力，我還要花時間想為什麼自己會這樣。

抱怨沒有讓我得到任何我想要的東西，反而使我浪費了自己寶貴的時間，轉移了我的注意力焦點。是的，抱怨讓我失控了，我沒能在正確的時間做對的事，這真是可惜。還好我不是講心態的專家，那樣我一定會被別人笑掉大牙。

並且我發現，我那股準備給紐約聽眾帶去震撼演講的勁頭，已經被抱怨所造成的壞情緒所替代，我的力量被削弱了。

不知道你是否也有同感，當你興沖沖地去做某件事時，在你大展拳腳之前，你遇到了點小困難，當你解決了問題心情恢復平靜之後，那股興沖沖的勁兒卻沒了。情緒上的小轉變，對人們行為的影響太大了。

試想一下，如果我們能停止這種毫無意義的抱怨，情況會是怎樣的？我會繼續高高興興地看著演講提綱，等待飛機起飛；你會繼續興沖沖地完成你的計畫，並得到你想要的結果。我們做什麼事都能在自己的控制之內，我們的自制力就不會受到衝擊。

我曾經在一本書上看到一個訓練方法，它講的是如果你想抱怨，就找個沒人的地方，雙腿站直，然後舉起雙臂開始抱怨，直到你累了，你手放下的那一刻開始停止抱怨，當你想抱怨的時候再重複這個動作。

對於這個方法，我詢問過我的學員，有的人曾經嘗試過，他告訴我這並不能解決抱怨，只能鍛鍊臂力。人們頂多會養成一邊舉胳膊一邊抱怨的習慣。這真是可笑。

那麼什麼方法可以做到不抱怨或減少抱怨呢？你必須從心裡學會接受事實，改變你的反應，否則一切都無法停止抱怨。我推薦你試著去做感謝的練習。

這個練習非常簡單，就是當你想要說出抱怨的話時，把它們變成一種感謝。比如：

「飛機晚點了，我要坐在候機室裡等多久啊！」→「感謝飛機晚點，我還可以繼續看我手上的資料，多準備一些功課。」

「上司提拔了他，他哪比我做得好啊？」↓「感謝上司提拔了他，我對擺脫現狀有了更大的決心，我要更努力了！」

「高速公路怎麼堵成這樣，我的屁股都坐麻了！」↓「感謝一下壅塞的交通吧，我可以一邊聽著音樂，一邊想想下個階段的工作計畫！」

「今年的經濟真不景氣，物價漲得太快了！」↓「感謝惡劣的經濟環境，等我扛過這個『冬天』，經濟復甦後我會更快樂！」

……

你發現沒有，其實很多事情都有兩面性，當你抱怨事物的一個方面時，你就等於忽視了它好的一面。而恰恰是那好的一面，能夠讓你獲得更大的成功和快樂。

如果你能真正做到這麼去思考問題，養成習慣後，你的抱怨會越來越少，你會活得越來越快樂，自制力呢，也會越來越強大。

有效練習3 做一件自己害怕的事

當然，我不是讓你去殺人、搶劫銀行、撫摸眼鏡蛇，或者深夜去Bronx區（紐約治安較差的一個區）閒逛。我是說，做一件挑戰自己恐懼感的事吧，在安全範圍內。比如，可能你怕黑、怕尷尬、怕獨處、怕失敗、恐高、怕表達感情、怕跟陌生異性說話、怕當眾演講、怕討價還價、怕別人不高興……

找出一件你害怕的事情，用自制力去打敗它吧，然後你會發現，自我感覺會前所未有地良好。

我的一位學員，來自尼爾森公司的馬索，他害怕失敗，害怕完成不了銷售任務而被罵。我告訴他：「馬索，我能明白，我也害怕完成不了任務被罵被嘲笑。可是，比被罵更可怕的是整天害怕這件事。你說呢？」馬索表示同意，於是我們決定挑戰他的恐懼。

根據我之前講過的步驟，馬索在我的指導下開始了他的練習。

1 認清恐懼

就像我前面講到的那樣，你心裡的恐懼其實不是真的，完全是你自己的想像，所以我讓馬索牢記自己所造的句子：

我想要擴大銷售業績，但我會幻想完成不了任務而被上司臭罵，其實是我把自己嚇到了。

2 制訂目標

我問馬索，你以前是不是經常完成不了業務被上司罵？他說不是的，自己從來都能完成目標。只是，他自己會感覺羞愧，因為他給自己定的銷售量和新人一樣。

我問他現在每個月的目標額是多少，他說是兩萬美元。「上個月的銷售冠軍呢？他完成了多少銷售額？」「八十七萬美元。」馬索小聲說。「那好，我們的要求稍微低一點，你下個月的目標額度就是八十萬美元了。」我對馬索說。他猛地抬起頭：「你瘋了！我才不可能完成那麼高的銷售額，我一定會被上司罵的，也會被大家嘲笑的！」看我不像開玩笑的樣子，馬索急了。

但最終他被我說服了：「我們本來就是要做一件讓自己害怕的事。」

3 重建信心

據說，當馬索報出自己下個月的目標時，整個公司都沸騰了，連上司都吃驚得拍了拍他的肩膀：「加油，好好幹！」可是馬索知道，他其實害怕極了，完全沒有信心完成任務。

我告訴他，你現在要做的，是牢記你想要的結果，努力做到「身心合一」，因為你的**身體和思想沒有任何一部分是分離的，它們是彼此的一部分，也是整體的一部分。如果你能做到身體和思想的統一，你才能主宰你的行為。**

我跟他說，想想看你跳傘的經歷吧，第一次跳傘的時候，你是不是特別害怕，不敢往下跳？但是現在你有了好幾年的跳傘經歷，就再也不恐懼了吧，因為你知道不會有傷害你的事情發生。這也正是重建信心的核心理念，你是安全的，沒有必要擔心。

這個月裡，每當想要放棄的時候，馬索都會給我發信或者打電話，我會幫他權衡利弊，給他鼓勵。而馬索表現得也相當勇敢，雖然仍然擔心，但他堅持下來了。

4 接受結果

最後，這個月過完了，馬索的銷售業績是三十七萬多美元，連目標的一半都沒有完成。但是，這已經超過他去年一整年的業績了。馬索失敗了。這個讓馬索害怕的失敗，結果卻不是他想像的那樣。上司沒有罵馬索，而是笑著拍拍他的肩膀：「小夥子，好樣的！」連馬索自己也沒有感覺到失敗的痛苦，他也覺得自己很棒。我告訴馬索，他真的很棒，不僅是因為他這令人驕傲的業績，更因為，他真的做了一件讓自己害怕的事。「如果上司真的罵你了，也沒什麼了不起對不對？」馬索表示贊同。他發現，自己害怕的其實不是被上司罵，而是自己否定自己的同時被上司罵。

馬索完成了那最後的一躍，雖然他失敗了，但這不算是一個特別糟糕的結果，不是嗎？換做是你，你可以做到嗎？請記得，你挑戰的「害怕」越多，你就會覺得自己越有能力。

第四章

扭轉情緒，保護你的自制力

總有不想發生的事會發生

有一次在紐約的超市裡，我聽到一個女孩子在打電話，顯然她的狀況不大好，頭髮凌亂地蓋在臉上，看不清臉龐，但聲音顯示她在哭：「……全世界的人都不愛我。我那麼愛他，為了他來到紐約，自己一個人，做著一份女侍者的工作，每天都要面對一些粗魯無聊的顧客，他怎麼可以背叛我……」整個超市裡迴盪著她哽咽的聲音。

我想了想，走到她身邊開口了：「打擾一下。」看她抬起紅腫的眼睛看著我，我問她：「妳喜歡看《唐頓莊園》嗎？」她疑惑地看著我，不知道我是什麼意思。

我自顧自地繼續說道：「我喜歡裡面的一句話，『我們都有傷疤，外在的或內在的。親愛的，你和我們沒什麼不同，記住這點 (We all carry scars, Mr. Bates, inside or out. You're no different to the rest of us, remember that)』。」

看她依然警惕地瞪著我，沒有開口說話的意思，我笑了笑，跟她揮手：「祝妳好心情。」我不再努力，任何人，甚至天堂地獄都不會給你慰藉，只有我們自己能。

二十多年前，我也有過這樣的時光。我很想告訴自己，我的職業生涯特別順利，一開始就大受歡迎，幫助很多人增強了自制力，這讓我感到非常驕傲。但事實上不是這樣的，第一次演講，我做了充足的準備，提前一週張貼了大幅海報，印發了不少傳單。

然而到了演講那天，我數了數……一共八個人，他們全都是前來捧場的朋友。我免費講給大家聽，都沒有人肯花時間在我身上。毫無疑問，我的感覺糟透了。而那場演講，儘管內容我早已爛熟於心，但我還是很緊張，講著講著，我開始結巴，一不小心還說錯了幾個單詞，然後大腦一片空白，忘了接下來的內容……

那時候，我覺得自己是世界上最大的失敗者，我的人生從此完了，再也看不到一點光明。看到朋友們安慰的眼神，我更加沮喪，這不是我要的，我要的是讚賞的目光！

買了啤酒，回到公寓裡，我放聲大哭，像我這樣的人，還配談未來嗎？

好幾天，我不發一言，不接電話也不見人。後來我想明白了：「好了，痛苦結束了。自己的自制力這麼差，還有什麼資格去教別人？從今天起，我要積極地接受一切，接受失敗、接受挑戰、接受折磨，不管什麼事，我都會勇敢地去接受。」

以後的二十幾年，我都是這麼做的。我對沒有價值的東西沒有耐心，我知道總會有一些不想發生的事情發生，那麼我要讓它變得有價值，就連痛苦，也要有價值。我要採取行動，就這樣。

後來我發現，正像《唐頓莊園》裡的那句話一樣，我們每個人都有傷疤，這是正常的。我的一名學員，已經是瓦萊羅能源公司的一名高級管理者，他給我們講了自己的故事：「那天，輪到我上臺解剖青蛙，我特意穿了自己最好的一件襯衫，充滿信心地走上前臺，微笑地看著大家拿起了解剖刀。整個解剖過程我練習過很多次，已經非常熟練了。

「這時候，一個聲音從教室後面傳過來：『好棒的襯衫！』

「我裝作沒聽到。但那個聲音又響起來了：『這件襯衫是我爸爸的，他媽媽是我家裡的傭人，她從我們家送到救濟站的包裹裡拿走了它。』

「大家都盯著我的襯衫。我站在講臺上，握著解剖刀的手變得僵硬，大腦一片空白，我從來沒有那麼尷尬過，一言不發。我的生物老師讓我開始實驗，但我彷彿沒聽到，沉默地站在那裡。他重複了一次，我還是一動不動。最後他讓我下去了，給了我D，我從來沒有拿到過那麼差的成績，以後也沒有過。」

講到這裡他的聲音也哽咽了，大家用掌聲給他鼓勵。

可能你和我都很難想像，一個小男孩是怎樣熬過了那麼難堪的狀況。

多年以後，當他擁有了財富和地位，依然對那件事情難以忘懷。但無比幸運的是，他是出眾的，不管是才華，還是自制力。

親愛的，當那些不想發生的事情發生時，我們總想把責任歸咎於他人。如果沒有人可以指責，我們往往責備自己。不管是哪種，情緒都會變得很差。我想說的是，儘管自己渺小、孤獨，但我們可以奮鬥，我們通過戰勝自己來改進自我，而自制力和堅持可以幫你征服一切困難！

十五秒鐘可以改變你的一生

如果你像我一樣注意觀察，就會發現，情緒不好的人一眼就能被看出來，他們整個人就像籠罩在一層灰濛濛的霧中，每次一看到這樣的人，我的內心就會響起警報：「看啊，那個人，今天一定碰到了倒楣事，我還是離他遠點吧。」

而情緒積極的人，就像總被陽光照耀著那樣，每次看到這樣的人，我心裡會想：「嘿，那個人讓人感覺真好，我去聽聽他有什麼好事兒吧。」

就這樣，好情緒的人會把別人吸引過來，讓人更願意接近你。好情緒帶給你的，當然不只這些。讓我們通過湯米．斯特雷的經歷，來一起感受情緒對自制力的積極作用。

湯米是大都會的保險推銷員，他在剛進入這一行時充滿激情，每天都積極地工作，期待好業績的產生。但事實並不如他所願，初入銷售行業的人往往缺乏經驗，即使他每天打出兩百個電話，最後能成交的也寥寥無幾。

回到租住的、冷冰冰的公寓裡，湯米陷入了沉思：「難道我真的不適合做這行嗎？」他的情緒陷入了低谷，他每天都在努力地打電話、推銷產品，但是卻沒有什麼成效。或許，很多銷售員都遇到過這種情況，然後他們輕而易舉地就會放棄自己，轉行做了別的。

湯米也是這樣，他打定主意，想工作到月底就辭職。既然做出了這個決定，他工作起來也沒有那麼高的積極性了，打電話的頻率也變慢了很多。

但是沒幾天，情況發生了一點微妙的變化。那天，湯米照樣被一次又一次地拒絕，他的聲音也變得越來越冷漠，就像你從一名滿臉不耐煩的速食店店員那裡聽到的聲音一樣。然而這時候他突然接到一個電話，朋友說自己有一張當天晚上丹佛野馬的比賽門票，他去不了了，問他是不是感興趣。

「當然！太棒了，那可是我最支持的球隊！」湯米開心極了。

放下電話，激動了一陣以後，湯米還是要繼續工作的。這一次，電話接通以後，他的聲音聽起來輕快極了，而恰巧，這是一位同城的客戶，正需要一份時間很長保障力度比較大的保險，而湯米恰好給他打了電話過去。於是，還沒等湯米介紹完，只用了十五秒鐘，一筆單子成交了！

湯米簡直不敢相信，自己怎麼會這麼幸運！而那天下午，他也「莫名其妙」地做成了兩單銷售，連同事好像都對他刮目相看了。

這一下，可把湯米高興壞了，他對自己說：「看，湯米，你並不是最差的，或許你還能成為下一個喬·吉拉德[6]或湯姆·霍普金斯[7]，哈哈。」

也許是前一天晚上的球賽太精彩了，當然也有可能是前一天的業績很棒，第二天，湯米的情緒變得非常不錯，他開始積極地打電話，而這一天，他也推銷出去了一份保險。主管還在下班後的例會上當眾表揚了他：「大家看看湯米，他找到感覺了，他會越做越好的！」

上司的肯定，讓湯米的積極性變得更高，在這之後，他不光積極地做推銷，還自己買了很多推銷方面的書籍與光碟。他給客戶做推銷時更自信也更熱情，推銷的工作步入了正軌。他能夠更有耐心地說服客戶，這種「糾纏」讓他提高了不少成功率。很快，他成為公司裡業績最出色的人之一。

湯米說：「一想到我又能賣出一單，賺到錢，我就興奮得早早跑到公司去上班。」別人問他：「那如果你今天沒賣出去一單呢？」湯米堅定地回答：「那我要在明天挖掘更多的客戶，賺更多的錢！」

你看，負面的情緒讓湯米產生了放棄的念頭，但是一個微妙的轉變，就激發了湯米的積極情緒，情況發生了根本性的變化。湯米還是那個剛入行沒多久的銷售員，只不過因為情緒發生了變化，他做事的態度和持久性也發生了變化——他的自制力變強了。

現在，沒有人能說服湯米放棄銷售的工作，也沒有人能阻礙他充滿激情地面對各種拒絕，湯米成為了積極情緒的受益者。

你瞧，十五秒鐘改變了湯米的一生，這是他自己絕對沒有想到的。我們不知道屬於自己的那十五秒鐘什麼時候會到來，那就要一直做好準備。用你的自制力和好情緒，迎接它。

無論你從事什麼工作，想要完成什麼計畫，請在心裡問自己這樣一個問題：「我，現在處在怎樣的情緒中？是疲憊還是輕鬆？是消極還是積極？是失落還是鬥志昂揚？」

如果你的情緒是積極的，恭喜你，保持住；如果你的情緒是負面的，你必須要做出改變！

6 喬．吉拉德：美國著名推銷員，是金氏世界紀錄所認可的世界上最成功的推銷員，在銷售生涯中共賣出了一萬三千零一輛的雪佛蘭汽車。

7 湯姆．霍普金斯：年輕時在走投無路之下投資自己參加銷售課程，經過努力的自我改造，從極端的貧困者變身為年收百萬美元的富豪，並成為全美房地產的銷售王和世界第一的推銷訓練大師。

情緒轉換的可能性

除了運動性疲勞以外，多數情況下，讓我們感到疲憊的，是長期做一件事所帶給我們的情緒。你可以理解我這句話嗎？

我的鄰居維克多一年前買了個魚缸，並養了幾條熱帶魚。在最開始的日子裡，他饒有興趣地給魚餵食、換水，還總邀請我去他的客廳觀賞，我們一邊看著魚在缸裡游來游去，維克多一邊給我講這些小魚有趣的故事。過了一段時間，我再去他家喝茶的時候，他好像忘了家裡還養著魚似的，不再和我聊牠們的話題。又過了一段時間，我再去他家時，魚缸沒有了。

我很好奇地問維克多：「嘿，你那些漂亮的小魚呢？」

「我送給陶德了，就是住在對面街，那個天天戴著帽子的人。」

「嗯，我知道他。可是，為什麼你不再養牠們了？」

「你可不知道，每天『伺候』牠們有多煩！你得給牠們餵食、換水、調節溫度，折騰半天，牠們還是那樣傻傻地游來游去。我覺得太累了，就送給了陶德，哈哈，那個傢伙有的是時間。」

從維克多的話裡，我能感覺到，每天都做餵食、換水的事，讓維克多感到疲倦，他從養魚中獲得的快樂已經消失殆盡，轉而變成了一種厭煩的情緒。我猜他一定這麼想過：「嘿，你們這些該死的魚，怎麼還活得那麼快樂，我都要累死了！」

事實上這就是我說的，長期重複做一件事，人們的潛意識裡會產生疲憊感，這其實是一種典型的情緒。這有點像審美疲勞，你買了一輛再貴再好看的車，開的時間久了，你對它的喜愛感也會逐漸降低，這是因為你天天都能看到它。

比如工作這件事，你明明知道工作可以帶給你滿足生活的薪水，以及升職加薪的機會，但是你工作一段時間後，你會開始默默地想：「每天都做這些事情，有什麼意義啊？」你的疲憊感並不是因為你消耗了多少體力，做了多少運動，只是因為你每天都在做同樣內容的工作。

因為疲憊感的產生，你會發生微妙的變化——你的情緒開始趨向消極了。你會開始這麼想：

「每天都要去上班，真煩啊！」

「每天都要寫報告，真沒意思啊！」
「每天都得打好多電話，真枯燥啊！」
「每天都要做第二天的計畫，真麻煩啊！」
「每天都要聽他們匯報工作，真囉嗦啊！」
……

這樣想存在什麼問題呢？人們會根據自己的想法不自覺地去尋找答案，也就是說，意識焦點發生了變化。例如你對每天都上班感到疲憊，你的潛意識會給你一個答案：辭職；你對每天寫報告感到疲憊，你的潛意識會告訴你：不寫。

沒錯，在這種情緒和你潛意識的影響下，你的自制力變弱了，你堅持不住了！你的計畫泡湯了！你的好習慣終止了！你的目標實現不了了！

這是你希望看到的嗎？

既然消極的情緒會導致你的自制力減弱，那麼反過來會怎樣呢？如果我們在做某件事時，讓自己保持積極的情緒，我們的自制力是否會增強？

答案是肯定的。

我們活著的每一刻，都可以選擇自己想要的情緒。我掌握了很多情緒轉換的技巧，講給學員以後，會讓他們選擇自己喜歡的那一種，並且分享給大家聽。

來自盧蒲西區的馬歇爾說：「我特別生氣的時候，就盡可能放慢呼吸的速度，對，就是這樣，深深地、慢慢地吸入氧氣（他一邊說著，一邊放慢了語速，給大家演示），彷彿我吸入的是滅火劑而不是氧氣，我會很快地平靜下來，找到正面的情緒。」

而雅培的艾莉爾女士喜歡給自己口頭提示：「我會提醒自己，『夠了，這樣糟糕的情緒到此為止吧』、『啊哈，妳又需要提示了』……效果挺不錯的。」艾莉爾女士是個自制力本來就很強的女性，所以她能夠很快地在提示下轉換情緒。

熱情的克拉克選擇了「離開」，他說自己在情緒出問題的時候，會換個環境，走到另一個房間，哪怕只是轉個身不讓自己看到生氣的人或事，都會幫助自己跳出糟糕的情緒。

而我最喜歡的辦法，是「冥想」。比如，我會盯著從百葉窗透進來的光線在辦公桌上形成奇形怪狀的陰影，盯著它們看一分鐘。這時候我什麼都沒想，大腦一片空白，但是能給我帶來驚人的平靜。一分鐘以後，我的情緒已經轉換成積極熱情的了。我會盯著看的還有杯子、綠葉、波浪、大街上的人群和車輛等。

你也可以試著選擇一些方式轉換情緒，其實關鍵步驟不是方法，而是你意識到，自己需要改變。意識到以後，你要下定決心。當你選擇了轉換情緒，相信我，一定會有辦法幫你實現。

征服情緒那頭「大象」

既然情緒會影響自制力的強弱，我們就有了一個新的自制力練習的方式——控制自己的情緒。情緒是可以被我們控制的嗎？很多人不相信這一點，他們認為自己征服不了情緒這頭「大象」。

從心靈控制的角度來說，人們也有一種天生的「興奮劑」，這就是鬥志。

鬥志是一種偉大的心理狀態，一個具有高昂鬥志的人，就像被扎了一針興奮劑，能夠完全忽略痛苦和磨難，始終保持「興奮的狀態」。這種狀態下，他們的自制力會始終保持在較高的水準，控制情緒也就是小菜一碟了。例如前總統林肯、傳奇將領喬治·巴頓將軍、大發明家愛迪生、石油大亨洛克菲勒等，都是充滿鬥志的人。

但遺憾的是，和舊時代相比，今天這個時代的人總是缺乏鬥志。因為我們的生活不像舊時代那麼艱辛，我們有太多可以娛樂自己的事情，你總能找到逃避痛苦、放鬆自己的理由和方式。這也是為什麼大多數人自制力薄弱的原因——他們根本就沒有征服情緒的鬥志！

很多人都對我講過，每當他們遇到困難走不出來時，或重複著單調的生活工作時，他們的好心情都會消失得一乾二淨。他們看到我每天情緒激昂地演講、充滿熱情地忘我工作，很好奇地問我：「你的鬥志是從哪裡來的？」

是啊，我的鬥志是從哪裡來的呢？對我來說，鬥志源自我內心的渴求。

我是一位研究自制力並傳授訓練方法的教授，一直以來，我都渴望通過自己的研究和教學，能夠幫助更多的人改變自己的命運。

這不是在欺騙你，當我疲憊的時候、心情差的時候，密西根州的威廉打來電話，他對我說：「謝謝你教授，我現在已經被提拔為主管了！」當我困頓的時候，收到了來自丹佛的信件，是瑞秋特地寫給我的，她已經成功地戒掉了很多壞習慣，她感到很快樂。

每當我知道學員們的進步時，分享到他們成功的快樂後，我的心裡好像被點燃了一把火，我願意投入更多的時間、精力去研究自制力的訓練方法，我希望每一天都能聽到學員們傳來的好消息，這種感覺真讓人興奮！

我希望有一天能看到這樣的景象：無論是在華爾街的基金公司，還是寶僑[8]、奇異這樣的五百強公司，或是藝術、體育、影視、文學等各個行業，都有因為受益於我的自制力訓練而成功的人。

對，我就是這樣激發自己鬥志的！心裡的渴望和對未來的願景，這是來自我們內心深處的力量。想想看，你能找到這股力量嗎？

你的渴求是什麼？你是否能時時刻刻記住它？

你的願景是什麼樣的？你能否每天起床時都能看到它？

寫下它們，記住它們，當你感到疲憊、厭倦和困頓時，拿出來看一看，冥想一會兒，給自己鼓一下掌，或大喊一聲，我相信你的鬥志又會熊熊燃燒起來。對了，它來了！

除了從我們自身的渴求中激發鬥志，跳出壞情緒以外，我們還能借助外界的力量。例如你的競爭對手、你的敵人，和那些折磨過和正在折磨你的人和事。

你不妨想一想，有哪些人和事總在處處刁難你，你的競爭對手是否正在耀武揚威，還有哪些讓你不快樂的，你都可以把他們想像成你的「敵人」。當然，我的意思並不是你要走過去「痛打」他們一頓，而是通過自己的努力證明給他們看：我可以做得更好，

---

8 寶僑：Procter & Gamble，簡稱 P&G。源自美國的跨國消費日用品公司，也是全球最大的日用品生產商之一。主要產品為清潔劑、個人護理用品、寵物食品等。

我就是最棒的，你們都給我「靠邊站」！

你可以偷偷寫下這個「敵人」的名字，或為難你的事務，把它放在你的抽屜裡或貼在自家的鏡框前，然後暗自下功夫去戰勝它，我相信你可以做到這一點。因為，鬥志一旦被激發，就沒有什麼可以阻止你朝著目標前進，情緒當然也不例外。

最後，總結一下征服情緒、激發鬥志的兩個通道：一是來自自己內心的渴求，用這種渴求來不斷提醒自己；二是來自外界的競爭和對抗，用你心裡的「敵人」來點燃你的鬥志。無論你採用哪一種方式，對你最管用的就是最好的！

不要和世界對抗

我的一名學員告訴我，為了戒酒，他參加了一個匿名的戒酒協會，他們的一則誓詞非常有趣：「感謝上帝告訴我們有些事情不可改變，感謝上帝給我們力量去改變一些事情，感謝上帝讓我們區別這兩件事情。」

這句話充滿了智慧。我每天都在努力幫助人們擁有強大的自制力去對抗各種誘惑，但是我從不和世界對抗。相反，在那些不想發生的事情發生時，我會用自制力去扭轉情緒。**不能改變的事情，那就接受它，不要和世界對抗。與這個世界和平相處，會讓自己免於受傷。**

有一部電影我非常喜歡，名字叫《今天暫時停止》(Groundhog Day)，如果你沒聽說過，可能是因為你太年輕了，畢竟，它是二十多年前上映的。

電影的主人公菲爾，是一名氣象播報員，他一點也不喜歡自己的工作，不喜歡身邊的人，甚至連自己也不喜歡。他認為自己的生活簡直一團糟，「我今天做了件傻事，碰到了兩個討厭的人，說了N句蠢話，還錯過了一次豔遇，我好後悔。如果今天可以重來，我會躲掉討厭的人，抓牢豔遇的機會，我會過得完美無缺……」

你們可以想像到，他身邊的人也不會喜歡他。

一切在土撥鼠日[9]（二月二日）那一天改變了，菲爾滿心不情願地去龐克瑟托尼小鎮報導土撥鼠慶典的新聞。這已經是第四次了，他早已心生厭倦，更何況他本來就對這種節日嗤之以鼻。他例行公事地完成了工作，毫無疑問，情緒不怎麼高。收拾東西想要趕回家的他，卻遭遇了暴風雪，他不得不繼續留在這個小鎮上。

然後，神奇的事情發生了，第二天早上醒來，他發現周圍的一切都是昨天的重現！一開始他不敢相信，後來開始緊張、不知所措，甚至懷疑是自己瘋了，或者是在做夢。過完噩夢般的這一天，他希望第二天早上醒來，一切會不一樣。可是，以後的每一天，他早上醒來時，都是相同的一天：永遠都是土撥鼠日！

就好像是上帝聽到了他的心聲那樣。今天一直在重複，而且，每天發生的事情永遠都是一樣的，永遠都會在那個相同的時間，出現相同的人、發生相同的事：每天早上會有個人跟他搭訕，有個老太太會跟他聊天，談論早餐和天氣，路上會遇到乞丐，遇到賣保險的往日朋友……

在經歷最初的迷茫以後，菲爾變得狂喜，什麼法律、責任、道德，一切限制統統見鬼去吧，他開始為所欲為。反正，不管他做了什麼，第二天，一切都會重新開始，他根本不用擔心受到懲罰。一切都那麼順利，除了贏得他的同事麗塔的芳心。

終於，這一切讓他厭倦了，他覺得自己做的一切都是白費力氣。開始嘗試各種自殺方法，上吊、跳樓、撞車、自焚……沒有用，第二天，噩夢又重新開始。

幸好，菲爾是個聰明人，他想通了，不再想要逃離這個上帝的祝福或者詛咒，不再和世界對抗。他選擇接受，選擇轉變自己的生活態度。他不再幹壞事了，變成了一個每天到處去幫助別人的好人，他給街頭老人食物，幫同事帶早餐，寧可毀掉約會也要去救一位噎著的老人……他還開始努力學習，讀書、寫詩、彈琴、冰雕……

慢慢地，傲慢刻薄的菲爾，成了全鎮最受歡迎的單身漢。而在他贏得麗塔的心，兩人共度良宵的第二天，時間終於變成了二月三日。

第一次看到這部電影時，我還很年輕，正在經受各種打擊，它讓我對自己的事業和

9 土撥鼠日：北美地區的一個傳統節日，在每年的二月二日，美國和加拿大許多城市和村莊都會慶祝。根據傳說，如果土撥鼠可以看到自己的影子，那麼北美的冬天還有六個星期才會結束；如果牠看不到自己的影子，春天就會在不久之後來臨。

生活進行了認真的思考。在那些艱難的時刻，我還可以改變自己的行為，改變自己的態度，改變自己的情緒。也許，我也能像菲爾一樣改變自己的人生呢？

我的另一名學員卡瑞娜跟我們分享過她的經歷：「我母親彌留之際，我才十幾歲，覺得簡直是世界末日。我痛不欲生，但一個阿姨告訴我：『妳還有幾十年的時間可以痛苦、墮落，但不是現在。』當著她的面，我的自制力一下子回來了，馬上停止哭泣。我明白了，有些事情我沒有辦法改變，只能接受它。但我的情緒，是有可能推遲的，也是有可能改變的。」

是的，就是這樣。當這個世界讓你感到不快的時候，不出意外，壞情緒會很快到來，你可以試著做點什麼補救。你可以用自己喜歡做的事來淡化這種情緒，例如喝咖啡、攝影、看一集電視劇、和朋友聊十分鐘電話等等。當你的情緒由「陰」轉「晴」之後，接下來該做什麼事情，你會做出聰明的判斷。

積極的心理暗示

我認識的一個人，遭遇了非常可怕的事情，他因為一場車禍失去了雙腿，只能在輪椅上生活。有一次，一位年輕的女孩子問他：「真遺憾，你被禁錮在輪椅上，感覺很糟吧？」

他微笑著回答：「不，我沒有被輪椅禁錮，而是被它解放了。如果沒有它，妳只能在我床邊跟我說話。」

你瞧，這就是積極的心理暗示。

下一次，如果你情緒不佳，不妨停下你手上的一切工作，不要再去想亂七八糟的事，握緊拳頭，看著遠處對自己大聲說上十遍：「I feel good!（我感覺很好！）」如果你能越說越有勁，那樣更好。

怎麼樣，你是否真正感覺到了一點微妙的變化，這種短暫的重複會讓你的情緒變得積極一些，它雖然停留時間不長，但是你還是捕捉到了它。

這是一種情緒調整的策略，原理在於你給自己做了重複的心理暗示。

想想這種情景，你列了單子去超市買東西，但是回到家卻發現買了很多自己用不上的商品。為什麼會這樣？你回憶起來了，原來在超市的特價區，你看到總有顧客在購買一款打折的商品，於是你不自覺地也拿了起來放入購物車。這不是簡單的從眾心理，而是你看到不斷有人買同樣一件東西，會對你產生一種心理暗示：這個商品不錯，我也買一件吧。

再想想這種情況，你是一個薩克斯風愛好者，客觀來說你吹得不怎麼樣，雖然能完整地吹出一段旋律，但是節奏和力度都把握得不好。但所有聽過你演奏的人，出於禮貌或鼓勵，他們會對你說：「你吹得真好聽啊！」當你不斷聽到別人誇讚你時，你會變得非常快樂，更積極地進行練習，於是你的水準就會不斷提高。

對，你會發現，當別人潛移默化地影響著我們的行為和情緒，這就是心理暗示的力量。積極的暗示會讓你的情緒也隨之積極起來，按照前面我所講的那樣，你的自制力也會隨之增強。

再比如高中橄欖球聯賽中那些可愛的美女啦啦隊員們，她們有節奏地揮舞著手臂，做出各種高難度的動作，不斷齊聲喊著勝利的口號，這也是一種強大的心理暗示。對於場上比賽的選手們來說，小夥子們會想：「看，那些女同學們在喊我們是最棒的，是的，我們就是最棒的，我們要用勝利來證明！」於是他們不知疲倦地奔跑，為了勝利拚到最後一秒。

現在的問題是，我們不可能指望身邊能有人不斷地給自己這種積極的暗示，就像你不可能指望上司天天誇獎你，你也不能指望老師總會表揚你，我們需要學會讓自己成為這種積極暗示的提供者。

沒錯，你要試著學會自己給自己暗示。

就像我在前面講到的那樣，當你心情不佳時，重複著對自己說：「I feel good!」你會感覺真的沒那麼糟糕了！而如果把它養成習慣，你就多了一種對抗壞情緒的辦法，不是嗎？

像這樣簡單的一句話，如果成為了你的口頭禪，你會從中受益匪淺。

拳王何利菲德每次在比賽前、訓練後、記者提問後，都忘不了跟自己說上一句：「I'm the best!（我是最棒的！）」這就是一種積極的自我暗示。

儘管很多時候，你暗示自己的話你並沒有把握，但這並沒有關係，因為反覆運用這種暗示，你的潛意識裡就會接受這種觀點，事實也會向你期待的那樣發展。對，最好把它變成習慣！

積極的、反覆的心理暗示可以帶給你情緒的正能量，《潛意識的力量》一書的作者約瑟夫．墨菲就是這個能量的受益者。他最早因為接觸到有毒的化學物質而患上皮膚癌，吃了很多藥，接受了很多種治療，但毫無效果，反而越來越糟糕。

索性，約瑟夫開始嘗試著放鬆自己的心情，由於他在大學裡主修宗教，他想到了通過祈禱和積極暗示的方式來調節自己，希望能夠擺脫疾病所帶給他的糟糕情緒。他做到了這一點，開始變得和正常人一樣快樂。於是他開始不斷給自己強烈的暗示，自己可以更健康更快樂的暗示。

沒想到的是，奇蹟誕生了，幾個月之後，他的皮膚癌竟然痊癒了。他把一切的功勞歸結於潛意識和情緒的改變，於是改行研究起這方面來。後來他才寫了這本《潛意識的力量》，成為了轟動世界的暢銷書，改變數百萬人的命運。

你也想體會這種魔力嗎？那就試著讓自己養成積極暗示的習慣吧！

除了那些有力量的口頭禪，你還可以每天都做一兩次的「六十秒自我演講」練習。這個練習的做法是：用六十秒時間，對自己今天出色的表現、自己的天賦和優秀的能力進行肯定，也可以暢想一下你未來的目標等。

我讓學員們在訓練營裡當眾進行過這個訓練，例如一位年輕的律師是這樣說的：「我今天感覺很好，因為我堅持早起做運動了，我感到自己的身體越來越健康，自制力也在變強大。我都快控制不住它的生長了。另外，我是一個喜歡與人溝通的人，人人都喜歡和我說話，我才思敏捷，這可不是吹的，我是同行裡最年輕的律師。我相信自己會成為紐約口才最好的律師，我將會戰無不勝，即使格羅瑞亞（美國最著名女律師）來了，我也一樣能戰勝她！」

是的，多肯定自己，帶給自己積極的心理暗示，你會有三個顯著變化：更自信、更快樂、更有自制力！

熱情會讓你更強

無論你打算做什麼或正在做什麼，你都需要拿出你的熱情來。熱情就像汽車油箱裡的汽油，它為你提供做事的動力和能量。如果有一天，你覺得自己「開不動」了，前進速度變慢了，那麼，請你停下來檢查一下，是不是你的「油箱沒油」了！

一個很簡單的道理，如果你不熱愛你手上的事，只是被迫為了別人、為了活著而去做它，你能堅持做好它嗎？有些人說，我能啊，我做出了承諾，我肯定能做好。可事實上，即便你能做好，你的心情能是愉悅的嗎？

我認識各行各業的成功者，我們定期會在曼哈頓的希爾頓酒店裡舉行聚會，探討一些合作方面的事情，順便給自己放個假。他們給我最大的印象並不是智商有多高，也不是他們有多富有，而是他們總是充滿熱情地做事，他們既成功又快樂。這才是我們希望自己達到的狀態，不是嗎？

哈佛大學心理學院的一項研究表明，熱情是一種精神特質，能夠彌補一個人20％能力上的不足，但缺少熱情，一個人只能發揮自己50%的能力，這是多麼可惜的事。

拿破崙．希爾是世界上最偉大的勵志作家和演講家，他對熱情的力量十分推崇，他曾經說過：「**熱情是一種意識狀態，能夠鼓舞和激勵一個人對手中的工作採取行動，不僅如此，它還具有感染力，不只對擁有它的人能產生重大影響，所有和它有過接觸的人也將受到影響。**」

拿破崙．希爾不光這麼說，他也是做事極為熱情的人。他非常熱愛寫作，並且大部分寫作都是在晚上進行。有一天，拿破崙．希爾正在聚精會神地在寫字機上打字，偶爾抬起頭從書房的窗戶望出去，結果把自己嚇了一跳。他看到了什麼呢？

他住在紐約大都會高塔廣場的對面，看到了最怪異的月亮影子映在大都會的高樓上，那是一個銀灰色的影子，太奇怪了！拿破崙．希爾起身走到窗戶前，仔細研究起這個月亮的影子。他看了半天，自己笑了起來，那根本不是什麼月亮的影子，而是清晨太陽的影子——天已經亮了！

原來，由於拿破崙．希爾太投入於寫作，忽略了時間，一夜過得就像一個小時那麼快，他完全沒有留意到。在這之後，他又繼續工作了一天一夜，忘我地工作著。

拿破崙．希爾詮釋了什麼叫做熱情：熱情可以讓你徹底投入，可以讓你忘掉時間，可以讓你享受做事的快樂。想想你自己，你的熱情呢？它們還在嗎？你的「油箱還有油」嗎？

你在開展工作時，是經常看著手錶盼望下班，還是忘掉時間徹底地投入？

你在遇到困難時，是習慣於抱怨運氣、抱怨別人，還是積極主動地去解決？

你在與人交往時，是等著回答別人的問題，還是主動與人溝通交流？

……

正如NBA那句人盡皆知的口號：「I love this game!（我熱愛比賽！）」一樣，有了熱情，你就有了能量，能夠享受做任何事的過程。熱情在希臘語中意為「受了神的啟示」，你看那些充滿熱情的人，他們忘我地投入著，難道不正像被神指引著走向成功的人嗎？

既然熱情如此重要，那麼我們如何做，才能給你熱情的「油箱加滿油」？

不可否認的是，很多時候熱情來自你本身的喜好，有的人天生喜歡與人溝通，他們對公關與銷售充滿熱情；有的人骨子裡喜歡思考，他們對科學研究之類的事頗有興趣；還有的人從小喜歡藝術，他們願意把生命奉獻給藝術事業。

但是，你也可以通過一定的訓練方法來幫助自己獲得熱情，就像給自己修建一個加油站，當你覺得自己缺乏熱情了，自己給自己加點油。

1 微笑練習

雖然很多書中都講過微笑的重要性，但是大多數人卻根本沒有認真練習過，所以他們體會不到微笑能帶給人的力量。我在培訓課程上，每次上課前和結束後，都要求學員們互相進行微笑和擁抱練習，同時要求學員們每天早晚留出五分鐘時間對著鏡子練習微笑，找到自己的最佳笑容。

微笑練習的效果在一段時期內就會體現出來，一方面鏡子裡的微笑能讓自己獲得快樂、找到自信；另一方面彼此給予微笑能讓心裡變得溫暖，這兩方面都能帶來熱情。如果有條件的話，我希望你把這個練習帶到你的公司或家庭，和同事或家人一起來做。

2 讚美練習

每天選擇一個讚美的對象，你可以讚美誰呢？你的同事、上司，你的朋友、家人、鄰居，這些都是你讚美的對象，找到他們值得誇獎的地方，用你的真誠去讚美他們。這麼做的好處，除了能夠增進你的人際關係以外，也能讓你變得更加熱情。

為什麼會產生熱情呢？因為好的人際關係就像火爐，可以給你創造一個溫暖的環境，而且當你給予別人發自內心的讚美時，你的潛意識會覺得和這樣的人在一起是你的幸運所在，你還能學到更多。

3 自勵練習

無論做任何事情，當你感到疲憊、無聊的時候，當你覺得熱情沒有了的時候，你可以對自己進行鼓勵。不需要限定時間，只需要隨時隨地激勵自己、誇獎自己。

只要你發現任何自己做得不錯的地方，就第一時間給予激勵，例如你可以對自己說：

「今天早上我跑得不錯，感覺很輕鬆。」

「這段文字我寫得很出色，很有專業水準。」

「今天又記下了二十個德文單字，我很有成就感。」

……

簡單的三個方法，將會構建你的「熱情加油站」，堅持練習，熱情就會像陽光一樣帶給你溫暖和力量。

遠離負能量的詞彙

長久以來，人們的慣性思維是這樣的，今天遇到某件自己不想其發生的事，或碰到了自己不想遇到的人，很自然地，人們會覺得「運氣糟透了」，於是負面情緒開始在我們的身體內產生，大腦運行的時候也會選擇負面詞語。

比如，你在工作中遇到了挫折（事件），你對自己說「真倒楣」（反應），你的情緒很低落（情緒），於是你開始抱怨不公（詞語），你越說越生氣（反應）……最後你被人討厭（結果）。

現在的問題是，我們不期待的事件，因為某種原因出現在眼前，你該如何控制你的情緒？你有沒有發現，這其中有一個重要的環節——反應。

如果我們能改變自己的反應，我們就可以控制自己的情緒。這並不難做到，不過你需要下功夫練習。

首先，你需要找到代表你反應的負面字眼或句子，根據我的觀察和統計，絕大多數人在遇到頭疼的事情時都愛這麼想或這麼說：

「完了！」

「糟透了！」

「真煩啊！」

「怎麼會這樣！」（這不是個問句）

「氣死人了！」

「真讓人失望！」

「真倒楣！」

「為什麼是我！」（這也不是問句）

「我真可憐！」

「我真的不行！」

「我累了！」

「我是個失敗者！」

「沒有機會了！」

「算了吧！」

……

這些負面的語句，就是你遇到事情後的反應，也是你給自己的心理暗示。它們會直接帶給你負面的情緒，間接地影響了你的自制力水準。當你意識到自己存在這個問題之後，那麼下一步，我們該如何改變這種情況呢？

很多人對我說過：「我也知道這樣想不好，但是我就是改不了！」是的，我非常理解。在我親自嘗試擺脫負面反應的最開始階段，也和大多數人一樣，無法做到一點都不去想「糟透了」，難道我們都控制不了自己的思想嗎？

其實並不是這樣，真正的原因在於，這些負面的詞彙也是我們長期行為、思維活動的一種習慣，你不可能做到一下子完全清除它們，因為「習慣」這種根深蒂固的特性，你需要花時間和精力才能改變。

是的，你需要像後面講的那樣，讓二十八天習慣養成的計畫來幫助你，並且要做到「無一例外」。

你可以把自己說的那些喪氣話、你的負面心理暗示寫在一張紙的左側，這樣你可以隨時知道是哪些反應影響了你的情緒，然後你把相對應的正面反應（越有趣、越積極越好），那些你覺得積極的想法寫在右側，中間用箭頭表示你希望發生的轉變，例如下面幾個：

「糟透了！」↓「我的天啊，我的上帝又來考驗我了，歡迎！」

「真煩啊！」↓「我相信『好事多磨，越磨越好』！」

「真讓人失望！」↓「比起某某的長相，我有什麼可失望的呢！」

「真倒楣！」↓「哈哈，好運氣馬上來了，因為萬事皆平衡！」

「我真的不行！」↓「把『不』去了，我就真的能行！」

……

然後你要做的事，就是當你發現自己有左側的想法時，拿出這張紙，盯住右側，對自己說那些有意思的、積極的想法，並重複上幾次。請注意，這不是自我安慰，而是一種擺脫負面詞彙的練習。

因為你不可能天天都會產生消極的反應，所以做這個練習時，你需要記錄好你練習的天數，無論一天發生幾次，你都按照一天來記錄，如果今天不需要做這個練習，你就保持天數不動。直到你寫到二十八天為止，我相信你會感受到自己的變化。

有效練習4 情緒管理訓練

據說，南非總統曼德拉在總統就職典禮上，向三個曾關押他、虐待他的看守致敬，他的解釋是，自己年輕的時候性子暴躁，正是在獄中學會控制情緒才活了下來。牢獄生活，讓他學會了如何處理自己遭遇的苦難。

我的一名學員道恩非常崇拜曼德拉，他說自己脾氣很差，對於遇到的歧視和不公平充滿憤怒，希望自己也能有那樣的自制力。我說那很難，因為曼德拉擁有的不僅僅是自制力，還有對苦難和悲痛的寬容與感恩，他一定擁有極大的毅力。但好消息是，通過情緒管理練習，至少你可以控制自己的脾氣，道恩打算嘗試，下面就是他的練習過程。

1 認識情緒

這一步，我沒有讓道恩用自制力控制情緒，只是讓他用一週時間做這樣一件事情，每當有不想發生的事情發生時，或者不想看到的人出現時，關注自己的情緒，只是關注。

一週很快過去了，道恩發現自己的生活果然充滿了不順利，另一個部門的經理沙琳總是用不屑的眼神看他，每當這時候他就憤怒；只是停車去買杯咖啡，結果收到了一張罰單，他覺得特別懊惱；在速食店，他點了不要起司的漢堡但顯然那位心不在焉的店員根本沒有記下，這時候他認為自己不被重視而感到很氣憤……甚至有時候他還會莫名其妙地焦慮，看什麼都不順眼。

講完這一切以後，我告訴道恩，很好，他已經意識到了自己的情緒表達，這是管理的第一步——你要知道，它原本是什麼樣的。

2 控制表情

我讓道恩再用一週或者更長的時間，學會控制自己的表情，控制自己的肢體動作，也控制自己的聲音，包括語調、語氣。

「比如，道恩，你生氣的時候，正常情況下，表情和語言是同步的，你一邊憤怒地瞪著那個惹怒你的人，一邊罵他。但是現在，你要試著先流露出生氣的樣子，過三秒鐘再說自己很生氣。這三秒鐘，需要你用自制力控制。不難做到的對不對？你只需要延遲三秒鐘。」道恩答應了。

兩週以後，道恩告訴我，自己做到了。樓下那個開通宵派對的傢伙打開門以後，道恩滿臉憤怒，但過了三秒鐘才說，如果他們再不控制自己的音量，就報警。

我首先恭喜他，然後提出了新的要求。這一次，我要他控制自己的表情，比如，憤怒的時候，做出高興的樣子。道恩說這太難了，我說你可以試試看。

高興的表情，一般表現在臉的下半部，比如嘴角上揚、臉頰提高，它是很容易做到的。但是，真正高興的時候，我們的眉毛和額頭也會上揚，這就不容易偽裝了。道恩表示很感興趣，答應拿一面小鏡子經常練習。

兩天以後他告訴我，通過我課堂上講過的「微笑練習」，不難做出微笑的表情，可是憤怒的時候很難。

我說：「是的，還記得那三秒鐘嗎？這一次，不僅不要開口，你也試著讓自己的表情延遲三秒鐘。在這三秒鐘裡，你要做一件事：你在心裡正確說出自己的感受，比如『他讓我感到憤怒』，或者『我心情很差，他的批評讓我更難受』。這是一種傾訴，雖然是對自己的傾訴，但是一樣能通過傾訴減少衝動情緒。然後，你努力用不攻擊對方的方式，把自己的想法表達出來。你不需要抑制表達，因為它雖然是情緒調節的一種策略，但也是效率最低的一種。」

3 情緒調節

在道恩做到以後，我們開始了第三步。前兩步都是在用自制力控制情緒的外部反應。這一次，我們要轉換情緒了，通過這樣一個過程：

刺激你的事件↓你的認知↓你的情緒反應↓自我辯論↓新的情緒

比如，沙琳又不屑地看了你一眼，這是「刺激你的事件」；

你覺得這個驕傲自大的女人瞧不起你，這是「你的認知」；

你很生氣，於是憤怒地瞪著她，這是你的「情緒反應」。

接下來，你可以進行「自我辯論」：「她是個傲慢的女人，那樣做很正常，那不是我的錯。而且，如果我是個值得別人喜歡的人，她怎樣看我都沒關係。如果我不討人喜歡，她那樣看我正是對我的提醒⋯⋯」

然後，你變得平靜，看向她的目光不再充滿敵意，這就是你「新的情緒」。

整個過程花了兩三個月的時間，然後有一天道恩告訴我，他驚訝地發現，自己不僅每天都能保持平靜的心情，不再經常憤怒焦慮，而且整個人的態度都變得積極起來，大家對他也友善了很多。我很高興，他的情緒管理獲得了成功。

第五章

使用自制力，掌控你的時間和生活

你的時間，比你想的還有限

我想你一定知道，自己的時間是有限的。我們大約能活八十歲，如果沒有什麼意外發生的話。當然你也有可能活到一百歲，還有一些人可能只能活到六十歲，但是對每一個人來說，時間都是不多的，用完為止。

我經常在課堂上讓學員做撕紙條的遊戲，你可能聽說過，但相信我，真的動手去做的時候，你一定會印象深刻。所以我希望你跟我一起行動，就像在我的課堂上那樣。

首先準備兩張長長的紙條，長度一樣。其中一張放在一邊備用，另一張分成十份，每份代表人生中的十年。在最左邊寫上「生」，最右端寫上「死」，現在讓我們開始提問。

1 你現在多少歲？

根據你的年齡，把紙條相應的長度撕掉。如果你現在三十歲，就要撕掉三份。

我會請學員把撕掉的紙條慢慢地撕碎，撕得粉碎。所有和時間有關的東西，過去以後就永遠不會再回來。所以，要把它徹底撕乾淨，一邊撕，一邊回憶自己過去的人生都做了些什麼。

2 你認為自己能活到多少歲？

根據你的回答，從「死」那端撕掉相應的長度。

我看到酗酒的迪蘭撕掉了兩份，體型偏胖的亞瑟撕掉了三份，聲稱從來不運動的翠西撕掉了三份……很少有人認為自己能活到一百歲，大家或多或少都撕掉了一部分。

3 你認為自己多少歲以後的生活品質會大打折扣？

我的意思很明顯：「也許我們會患上失智症，忘記了自己是誰，也不知道自己在做什麼；也許我們患了某種無法治癒的疾病，也許我們要坐在輪椅上……在老年生活中，這種事件出現的可能性並不小。剩下的這段，才是你可以享受生活的時間，就這麼多了。」大家又默默地撕掉了一段紙條。

4 你的一天二十四小時，是怎麼分配的？

「通常情況下，你會睡八個小時或者更多，當然也有可能少一些。你吃東西、換衣服、漱洗、乘坐交通工具這些必須做的事情，以及化妝、休息、閒聊、看那些毫無意義的八卦資訊、玩遊戲、發脾氣、發呆、生病這些不必要做的事情總共會花多少時間？算一算，你真正可以做事情的時間，大約占到一天的多少？

「我每天大概可以有十二個小時供自己支配，所以要把剩下的紙條撕掉一半。如果你只有八個小時可以支配，那就要撕掉三分之二。」

5 你剩下的這些時間，需要承擔什麼？

「拿起一開始放在一邊的另一張紙條，假如你現在三十歲，預計自己可以活到八十歲，也就是說還有五十年的時間。那麼，就把這張新的紙條撕成兩半，丟掉一半，留下另一半。

「這五十年時間裡所有的開支，都需要你在手中這短短一段紙條的時間內創造出來。未來五十年或者更長時間的健康，需要你保持適當的體重和良好的習慣來保證。對比一下它們的長度吧。現在，你如何看待自己的未來？如何看待自己的時間？」

我的堂弟傑夫每天要花大量時間泡吧、看電視，還喜歡無所事事、經常發呆。他在工作時間呼呼大睡，還和無聊的人煲電話粥。他做事有頭無尾、粗心大意。他還經常埋怨、責怪別人，找藉口，推卸責任……他和每一個Loser做著同樣的事情。做完這個遊戲，他告訴我，自己好像感覺到壓力了。就是這樣，沒有壓力，你怎麼可能有自制力？

不止一名學員告訴我，他們把這兩段紙條小心地收起來了，還有人把它作為手機的背景圖片，經常提醒自己。他們告訴我，自己的自制力不知不覺中增強了很多。

所以，雖然我們可以支配的時間少得可憐，但這未嘗就不是好消息，只要你意識到了這一點。正如心理學家加利．巴福博士在《假如沒有明天》中所說的那樣：「再也沒有比即將失去更能激勵我們珍惜現有的生活了。**一旦覺察到我們的時間有限，就不再會願意過『原來』的那種日子，而想活出真正的自己。這就意味著我們轉向了曾經夢想的目標，修復或是結束一種關係，將一種新的意義帶入了我們的生活。**」

看清虛假忙碌的面目

想要掌控你的時間，我們需要無情地放棄，放棄一切浪費時間的事情。

比如，翻看兩個月前的報紙；瀏覽社交網路上的各種消息；翻遍了整個辦公桌找一份文件；因為沒有預約而必須忍受漫長的等待；和戀人吵架生了一整天的氣，到晚上才開始拚命趕工作……

看起來你很忙碌，實際上都是些要麼是完全可以避免的，要麼是沒有多大意義的事情。所有源於這些事情的忙碌，都是虛假忙碌。

我還非常年輕的時候，剛剛開始職業生涯，當然我是請不起助理的，所有事情都要自己動手去做。有一次演講結束，湯瑪斯先生找到我說，剛才他路過，聽到了我的演講，覺得挺有趣，問我是不是有興趣為他們的員工進行培訓。如果我有興趣，可以過去談談，並且給了我他的名片，讓我跟祕書預約。

我很興奮，看完名片更興奮了，這是一家世界五百強企業！如果能給他們進行培訓，會讓我的職業生涯得到質的提升！

跟祕書預約完下週一見面，我開始全身心投入地做準備工作，我花了很多時間瞭解這家企業的情況，為培訓他們的員工制訂了極有說服力的計畫。

問題是，那家企業在另一座城市，我打算坐飛機過去，花不了多久時間。

週一早晨，我充滿信心地帶著文件出門叫計程車，因為週末出了點小意外我的車送去修理了。但是我沒有想到的是車那麼難叫，半個小時過去了，沒有一輛計程車能讓我乘坐。

我拚命想有沒有什麼朋友能送我去機場，可他們大部分都要上班。看交通狀況，有時間送我的趕過來最快也得一個小時。我絕望了，肯定趕不上我預定的航班了。我忍不住焦慮緊張，這時候我用自制力調整情緒，馬上平靜下來，先給那家公司打電話，請他們原諒，我要更改預約時間。

事情進展並不順利，祕書說湯瑪斯先生很忙，不確定什麼時候能見我，如果取消預約，我就只能等候通知。我沒有放棄，一再為我的失約道歉，並且努力說服她，我是從另一個城市趕過去的，人事經理對我的課程很感興趣，我的培訓可能會給整個公司的氛圍帶來巨大變化……最後我還說，我只需要五分鐘時間，請她一定幫忙安排。她終於答應了，說午飯前湯瑪斯先生有幾分鐘的空閒時間，我可以那個時候去見他。

然後我馬上打電話給航空公司改簽下一班航班，他們說只有頭等艙機票了，那大大超出我的預算，那時候的我經濟相當窘迫。看了看還有時間，我決定先去機場碰運氣，最壞的結果是我乘坐另一趟航班，那趟航班還有比較多的座位，剛好能讓我趕上預約，但我不希望那樣，在那個陌生的城市我需要給交通多留出一點時間。

終於，有計程車停下來了，我到了機場。運氣不錯，剛才只有頭等艙的那趟航班有客人退票，我買到了經濟艙的機票。

到了另一個城市，我馬上趕去那家公司。祕書說，預約時間沒到我不能進去，我說沒關係，我在樓下等著就可以。我坐在樓下，讓自己平靜下來，思考如何在五分鐘內說服湯瑪斯先生。原本我們預約的是半小時，現在我的資料要重新準備了。雖然飛機上我已經思考過，但現在我要再次梳理一遍。

最後，離預約時間還差十五分鐘，祕書叫我，說湯瑪斯先生有空了，我可以進去見他。這樣我有了差不多二十分鐘的時間，足夠我說服他了。當然，最終我得到了湯瑪斯先生的信任，贏得了對我來說非常寶貴的機會。

回程的飛機上，我為自己的努力感動不已，心想以後一定要把這些寫在回憶錄裡。

可是，這時候大腦裡另一個聲音響起來：「NO，這根本就是你自己的錯！分明是你自己愚蠢！你所謂的這些努力和忙碌，跟你最終獲得這次培訓的機會，沒有一點點關係，相反地，它還差點讓你失去這個機會。」

考慮到第二天一早出門，如果我在車壞掉的時候，就找朋友借車或租車，也就不會有後面的一系列麻煩了。我完全可以更舒服、更輕鬆地達到同樣的目的，根本不需要這樣狼狽。現在我讓自己更忙碌更辛苦，並且還為此感到驕傲，這不是很可笑的事情嗎？

現在看來，發現這個，也是我此行最大的收穫。我再也不會把無意義的忙碌當作努力，而且我會努力避免一切原本可以避免的忙碌，我也不再為那些對結果沒有幫助的事情忙碌。

我終於做到了這一點，但我發現，自己絕對不是唯一一個誤把虛假忙碌當作努力和成就的人，有太多人也是這樣，並且他們沒有意識到。

得到我的提醒以後，有很多學員告訴我，原來自己的生活中有那麼多忙碌和辛苦是可以避免的。而意識到這一點，讓他們想通了很多之前沒有想通的事情，在做準備工作的時候也有了充足的自制力，結果就是他們感覺自己的人生突然順利了很多！

那麼，你呢？

做重要的、有效的事

蓋爾每天六點半準時起床，起床後花十分鐘洗澡，二十分鐘為自己做煎蛋、培根、華夫餅，倒上一杯牛奶，還吃了一根香蕉。一邊做早餐，他一邊打開廣播聽新聞。

七點二十分，他準時出門，去車庫把車開出來上路。車上，他有時候聽音樂，有時候聽法語。

八點鐘，他已經到了公司，開始為今天的工作做準備。

九點鐘，同事們陸陸續續來上班，他已經工作了一個小時。

十點鐘，他走出辦公室，去公司的健身房跑步十分鐘，或者做一套健身操。

午餐以後，他沒有馬上回到辦公室網購或者看社交網路，而是去附近的公園散散步、餵餵鴿子，讓自己放鬆一下。

下午開始上班，同事們昏昏欲睡的時候，他精力充沛得讓人嫉妒。

蓋爾不加班，下班以後，他開車回到家，路上繼續聽他的法語。

晚上七點鐘吃完晚飯，蓋爾會出門散步或者慢跑，跑步的同時，他會給爸爸媽媽或者朋友打電話問候他們。

回到家，八點鐘，蓋爾開始準時坐在書桌前學習，他覺得自己還有很多知識需要補充。中間他會休息一次，站起身做幾組平板支撐。

九點半，他拿起手機，在社交網路上回覆大家的留言或資訊。

十點鐘，蓋爾準備上床，閱讀半小時，然後熄燈睡覺。

蓋爾是我的一名學員，一名廣告公司的創意總監。進行自制力訓練後，這就是他的工作日狀態。他告訴我，他的生活從未感覺如此充實而輕鬆。

他看起來一點都不忙碌，但所有事情都沒有耽誤，工作也做得很棒，上司不斷地表示對他的賞識。蓋爾說：「原來時間一直在那裡，我以前只是沒有自制力，沒能好好使用它。」

我知道很多時間管理書籍會告訴你應該怎樣規劃自己的時間，比如避免對所有事情一視同仁，比如把事情按照緊急和重要進行優先順序別分類，比如把精力花在回報最高的事上，比如按照精力時段進行詳細安排等等。

它們說的都沒錯，但如果沒有自制力，一切都是白費功夫。

就拿蓋爾來說吧，以前他參加過公司的很多培訓，當然包括時間管理的，還有IBM公司在用的GROW模型。他知道GROW代表Goal（目標），Reality（現狀），Options（選項），Will（行動自制力），他掌握了很多有效的工具，但還是用不好它。為什麼？他的自制力太差，根本沒有辦法做到有效地利用這些工具。

而且，我個人更喜歡靈活安排時間。我聽說一架典型的商用飛機，在90％的時間裡都是偏離航線的，但它總是能差不多地按時到達目的地，因為它知道應該往哪裡飛，並且隨時修正方向。我不可能預知一切，也難以做出完美的計畫，所以我喜歡在牢記目標的前提下，根據具體情況調整時間安排，我認為這是一條可行的途徑。

所以我告訴蓋爾，我是訓練自制力的老師，不是時間管理老師，但在時間管理方面，我有兩個原則，或者說我經常會問自己兩個問題，我覺得特別管用。

第一個是，我經常會問自己：「你為什麼要做這件事？」「你在幹什麼？」「你的目的是什麼？」「你為什麼要花半個小時的時間去看一段明星的緋聞，它的意義何在？」

跟自己對話是一件很有意思的事情，你可以完全誠實地回答，比如「我就是好奇，看他們的八卦新聞可以滿足我的好奇心」，或者「這個電話我必須打，我要知道蘿拉到底有沒有堅持運動」。雖然這些花不了你多少時間，但你卻可以嚴格篩選你要做的事情，為你帶來更多「承諾」、「自制力」和「意義」。

如果這個答案讓我羞愧，我會放棄做這些沒有意義的事。如果答案是「也許這個故事以後能讓我作為例子使用呢」，對於這種事情，我會遵循「假如懷疑，立即放棄」的原則，有用的事情還做不完，我為什麼要花時間在那些不確定有沒有用的事情上？

第二個是，我會問自己：「這件事能不能省出時間來？」我熱衷於尋找一切不浪費時間的技巧。比如，如果我要看電視節目，我會把它錄下來，然後用快進的方式跳過廣告，或者直接跳到我需要的那部分內容；如果打電話五分鐘可以說清楚，我不會花十五分鐘去發送電子郵件並且等待不知道什麼時候到來的回覆。

當然，任何時候，運用自制力專心做事情都是省出時間來的必要條件，所以我在不自覺中會用自制力督促自己賣力工作，讓我不被外界干擾，也讓大腦更快速地思考。同時，我的自制力也在得到鍛鍊，這不是很好嗎？

重新審視你的 Deadline

我知道有無數時間管理書籍在教你「給實現目標一個明確、合理的最後期限」，但我要告訴你，或許你應該重新審視這一行為。因為，如果沒有自制力，Deadline 最後往往會變成讓你 Dead 的 Line。

原本，Deadline 是給沒有自制力的人設的警戒線，是一種提醒。它應該是那種刺眼的、紅色的，並且在威脅你：「看清楚了，要是這時候你還沒完成，就危險了！」但在很多人眼裡，它變成了藍色的，傳遞著這樣的訊息：「別擔心，不用急，在這個日期之前你一直都有時間去做。」

所以，很多人的狀態是這樣的，如果要做一件事，時間是一週，那麼前五天的日子過得很悠閒，到了第六天，突然有了動力，開始了緊張忙碌的工作。按照他們的設想，集中注意力，兩天完成沒問題。可是，如果遇到了難題呢？或者如果你的生活中發生什麼意外事情需要時間呢？

從事文案工作的米娜告訴我，她最喜歡晚上寫東西。如果明天要交一份文案，她預計一個晚上能搞定。那麼，白天她是不會動手去寫的，時間在她那裡無用得都快被扔進垃圾桶裡了。

晚飯以後，她會坐下來聊天、收信、在社交網站上跟大家互動，還要購物。一定要到十點鐘以後，她才決心開始工作，這時候她戀戀不捨地關掉各種網頁，慢慢尋找工作狀態。十一點鐘，眼看必須開始工作了，她會變得認真專注，效率非常高，不管忙到幾點，但總能忙完。

她說自己這個行業的很多人都是這樣，不到Deadline不肯動手。

她的意思是，這樣做的效果還不錯，她不覺得有什麼不好。我問她：「米娜，妳能保證自己前一天晚上一定有靈感嗎？如果沒有，妳怎麼辦？」

她向我強調，不管怎樣，總會完成的。我笑了笑，她明白我的意思，不再辯解。

「更重要的是，米娜，這不是一個好習慣，這是自制力非常低的表現。帕金森定律早就指出過這個問題，任務會自動膨脹占滿妳的時間。如果妳給自己充足的時間，就會不自覺地放慢節奏，直到最後期限才會集中精力去完成。如果這項任務只需要花妳四個小時的時間，妳為什麼非要讓它耗費掉一整天？除了浪費時間，它還會讓妳因為時間的拖延和最後的緊張而感到疲勞，會影響妳的心情。」

「可是，我接手的所有任務都有Deadline，我已經習慣了這麼做，要改變，可能需要極大的自制力，現在我的自制力還比較弱。」米娜試圖迴避這個問題。

「很簡單，妳根據自己的時間安排，另外設定一個合理的Deadline就好了。省出來的時間，妳可以做太多有價值的美好事情。這並不需要消耗妳太多的自制力，相反，還能夠提高妳的自制力。」我並沒有讓米娜逃避這個問題。她答應我試試看。

幾週以後她打電話給我，「太棒了！我終於有時間讀完了大衛．奧格威的《一個廣告人的自白》，它給了我很多啟發，有一些創意我用在了最近的文案裡，上司第一次開會的時候誇獎我，我特別興奮！」

我相信效果相當不錯，因為我用這個辦法幫很多人增強了在Deadline面前的自制力，也包括我的助理溫妮。

溫妮很聰明，沖的咖啡很好喝，交上來的文件非常正確沒有錯別字，製作開會用報告也很有一套……但她有一個缺點，如果你告訴她：「請在週五下班之前把這份表格做好。」那麼週五你一定要給她留出時間，否則就給她支付加班費吧，因為她一定會在週五去做這件事情，儘管她週三、週四沒什麼要緊的事情做。

如果我讓她今天去趟銀行，那麼她肯定不會一大早去，而是在快要下班的時候過去。有幾次都因為排隊的人太多而沒有完成工作任務。

這讓我很苦惱，我給她 Deadline，是希望她能合理安排，有充足的時間把事情做好。但顯然她的理解不一樣，總是把 Deadline 的前一刻當作開始這項任務的時間點，這已經影響到了我的工作。我想和她談談，我是教授自制力的老師，如果連自己的助理都這樣，我還怎麼去影響別人？

於是我告訴她：「溫妮，一直以來妳的工作都很棒，我為妳感到驕傲。但是我發現妳和以前的我一樣，非 Deadline 不工作。我給妳的 Deadline 時間非常充裕，因為我不希望妳太緊張。但也許妳可以給自己一個新的 Deadline，完成工作以後剩下的那些時間，妳可以做一些有趣的事情，妳覺得呢？」

溫妮很快就做出了改變，幾乎成為一個完美的助理，一直工作到現在。

那麼你呢，你的 Deadline 幫你增強了自制力並且提高了效率，還是吞噬了你大量的時間？如果是後者，就動手給自己設定一個更加合理的 Deadline 吧，這花不了你多少自制力，但卻能給你帶來對時間的掌控感。

時刻投入當下的自制力

有些事情，你明明知道它特別重要，可是，你仍然沒有辦法在第一時間完成。可能你的 Deadline 沒有到來，也可能你就是習慣了拖延時間。

就像我剛剛提到的米娜一樣，她學過時間管理的知識，非常清楚最優先的、排在第一位的是重要而且緊迫的事，比如準時完成任務、交罰單、還貸款等；接著是重要但不緊迫的事情，比如學習新的知識、和朋友溝通、制訂下個階段的計畫等；最後是緊迫但不重要的事，比如突然打來的電話、一個並未預約的客人、下午要召開的無聊會議等；最後是不緊迫也不重要的事，比如和朋友閒聊、新一季的電視劇、明星們的八卦緋聞等。

她很清楚做事情的順序應該是1234，可是在參加我的自制力訓練課程以前，她每天的工作順序都是4321，雖然看起來生活沒有出什麼亂子，工作也都按時完成了，但在這家公司三年了她都沒有得到任何加薪升職的機會。而在她用自制力調整順序以後，很快就引起了上司的注意，現在她已經成功升職為部門主管。

需要注意的是，由於米娜特別喜歡在晚上夜深人靜的時候寫文案，所以我建議她可以把做事情的順序靈活調整為２１３４，白天上班的時候可以學習、制訂計畫，晚上進行創作。但不管怎樣，還是要盡早開始，而不是在 Deadline 即將到來時。

正如我在前面講過的那樣，有些忙碌是虛假的忙碌，有些 Deadline 是縱容自己偷懶的藉口。在掌握自己的時間和生活的過程中，我們需要約束自己的行為，時刻明白自己在做什麼，並且能夠很好地投入當下。

如果你現在打算先把某些任務擱置一旁，請你問問自己：「我擱置的理由是什麼？是有另一件更重要的事情要做，還是自制力渙散了想要舒服地消磨時間？」

問完這個問題，你還可以問自己：「我把這件事情暫時擱置，有沒有什麼代價？」如果沒有任何代價或意外，你也可以給自己一段輕鬆的休閒時光。但是如果有代價，可能給你帶來麻煩，比如你不得不在以後某段繁忙的時間裡給它擠出一段時間，那我勸你最好打消擱置的念頭，現在開始！

因為，當你剛剛接受一項任務的時候，往往不自覺地開始思考，你的潛意識會大致為你勾勒出行動計畫的框架，也會有好的想法，如果當時就執行，要比以後再去做的效率更高。

傑出的銷售大師克萊門特．史東（W. Clement Stone）創立自己的保險帝國以後，就要求所有雇員每天一上班就大聲提醒自己：「現在開始！」

我讓學員在他們自制力不夠強的階段，把這句話作為手機和電腦桌布。當他們已經養成習慣，不需要用這句話提醒的時候，會發現自己各方面的自制力都有所提升。因為一旦他變得懶散想要拖延的時候，大腦裡就會響起來「現在開始」的聲音。就算有困惑，那也下定決心吧，不動手去做，你什麼都不能改變。

當你在養成「現在開始」的習慣的同時，請注意我的另一個關鍵字「投入」，這個詞更重要，甚至比馬上開始還重要。

就在前幾天，有一位學員告訴我，他用了極強的自制力，使自己每天晚飯後坐下來學習兩個小時的法語，明明非常努力了，可是效果很差。兩個月前聽不懂的對話，現在仍然聽不懂，詞彙量的測驗結果也讓人非常沮喪，他不清楚問題出在哪裡。

這些年來，我遇到過不少這樣的情況，我能猜到是什麼原因，但我需要證實。於是我打開他的社交網站，很快就找到了答案。他從晚上八點鐘開始學習法語，那麼八點到十點，他應該是在專心學習的。但我看到在這個時間段裡，他發了很多條狀態，有的是「我在學習，好用功」，配上攤開的書籍的圖片，更多的是轉發的奇聞趣事或搞笑段子。

而且他會即時地和留言者進行互動。我很難想像他是在投入學習。

顯然，他根本沒有自制力。表面上他是在學習，但那只是看起來在學習，他仍然在做自己以前晚上經常做的事情。我毫不客氣地指出來這一點，並且請他思考自己學習的動機：「你做這件事情，不是為了完成它，而是真的想要有結果。沒有這個意識，你很難有自制力。」

所以，如果你也有同樣的問題，不如問問自己有沒有真的「投入」，還是你只是在欺騙自己和別人：「瞧，我在做呢！」

零碎的時間是珍珠

「還有十分鐘就要開會了，什麼都做不了了，那就玩會兒吧。」你一定沒少聽過這樣的話。我絲毫不反對你把這段時間作為休息時間，讓自己從一上午緊張的工作中放鬆下來。但是，我絕對不贊同十分鐘時間什麼都做不了。

零碎的時間是珍珠，一點點地散落在地上，看起來似乎毫無用處，也不怎麼起眼。但只要你能夠把它們串聯起來，可能就會驚喜地發現它們的價值。

《湯姆叔叔的小屋》是哈里特．比徹．斯托夫人在做繁重家務的間隙寫出來的；《神曲．地獄篇》的翻譯是朗費羅每天利用等咖啡煮好的十分鐘時間完成的；身為牧師、攝政官祕書和聯邦祕書的彌爾頓，在繁忙的工作之餘，用零碎的時間寫出了《失樂園》……

他們把這些零碎的時間變成了文字，所以我們能夠看得到具體的成果。但更多零碎時間的價值，你可能看不到具體的形狀，但它的主人會知道，它到底為自己帶來了什麼。

當然，這些人必須有強大的自制力，堅持很多天甚至很多年，才能讓零碎的時間散發出如此奪目的光芒。

不過，零碎的時間雖然珍貴，並不適合用來做所有工作。根據我的經驗和觀察，你可以用它做下面這些事情。

1 閱讀

通常來說，零碎的時間更適合速食式閱讀，比如今天的新聞、社交網路上的文章、雜誌上的新一季時尚等，但這並不意味著你不能閱讀長篇著作。

就拿我來說吧，我在每天等待開飯的短暫時間裡，讀完了史蒂芬·褚威格的《人類的群星閃耀時》，讀完了《憤怒的葡萄》，如今正在讀《我們分裂的政治心靈》。

2 做整理工作

比如，等待開會前的幾分鐘，把你的收件匣清理一下，把辦公桌上的文件整理一下，該丟的垃圾丟掉。整潔有序的環境可以幫你提高效率，而且有助於讓你擁有好心情。

3 思考

當然你也可以思考今天中午吃什麼，這比你從一整塊時間中分出一塊來思考這個問題好多了。但如果是我，思考中午吃什麼不會超過六十秒鐘。

我通常會用零碎時間思考下一週的工作計畫，設定下一階段的目標，或者為前一段時間的工作進行總結。當然，我也可以整理一下任務清單，這都花不了多少時間。

如果沒有計畫需要制訂，你也可以頭腦風暴（Brainstorming），也許就能萌發一個好的創意，或者閃現出特別奇妙的靈感。我需要強調很重要的一點，我會把思考的片段隨手記下來。如果是在開車，我就用錄音筆。

如果你不能捕捉到它們，就永遠失去這個靈感了。

4 運動

如果你老是說自己沒時間運動，現在請停止為自己找藉口。拿出你的自制力，然後讓我們充分利用這些零碎的時間。十分鐘，足夠你做上好幾組平板支撐，或者仰臥起坐，或者俯臥撐，或者一組健身操。你也可以去樓下散散步，做做深呼吸，讓大腦休息片刻。你甚至可以只是簡單地伸伸胳膊晃晃腦袋，都有助於讓緊張的肌肉放鬆。

5 其他適合做的事情

比如打電話。今天需要打哪些電話，早晨就列好清單，然後除非必要，都可以在零碎的時間裡完成。你也可以打個盹，或者寫一篇文章，或者寫一封簡短的電子郵件，或者和朋友們聊上幾句，或者支付你的帳單、罰單，整理你的支票簿，更新你的財務記錄等，它們都是一些必須做，但花不了太多時間的事情，非常適合在零碎的時間裡去做。

但是，我不建議你利用零碎的時間進行娛樂活動。因為往往在你意猶未盡的時候，你的零碎時間已經結束了，如果你自制力不夠強，可能會花掉你接下來的時間。而如果你自制力夠強，不得不結束娛樂時，往往又會影響你的心情。

所以，不如把零碎時間用來做一些必須做的事情，然後在大塊的時間休息、娛樂，這會給你帶來更強的滿足感，也有助於自制力發揮阻止干擾的作用。

利用零碎時間做這些事，還有一個非常大的好處：可以保證你有整塊的時間去做必須專心投入才能完成的事情，不會讓你感覺自己的生活中充滿了瑣事。養成這個習慣以後，你對時間的掌控感和生活的熱愛程度可能都會增強不少，然後，你就會和我一樣充滿活力。

幫助自己提高自己

在開始這段旅程之前，我們先要問自己一些問題，一些真正的、重要的問題。然後，你才知道自己該往哪裡走。這些問題很簡單，你也不需要像問自己「我今天吃什麼」、「我要穿哪套衣服見客戶」那樣頻繁，不會花你很多時間。

1 在我看來，成功是什麼？

在我看來，成功是在自制力培訓領域卓有成就，為更多人的人生帶來良好的改變。可能在你看來，成功是每隔三五年就給自己放上半年或一年的假到處旅行；成功是家庭生活健康幸福；成功是創立屬於自己的企業並且發展良好……我有一個學員說，在他看來，成功就是一直有姑娘愛自己。不管怎樣，請誠實面對自己，回答這個問題，不要被別人的看法影響。因為，「Being yourself is an honor」，你的人生就是要實現你自己眼中的榮耀。

2 我想要過的生活是怎樣的？

這個問題的答案最好具體點，你不是不能回答「我想過悠閒自在的生活」，但那樣太不具體，不容易激發你的鬥志和自制力。你可以試著描繪：「我想做自己更喜歡的設計工作，住在埃文斯頓的湖邊，週末去林肯公園逛逛，去吃日本料理，去吃義大利菜，全家休假的時候去鄧頓溫泉享受溫泉和葡萄酒，去夏威夷享受陽光和沙灘，去奧蘭多的迪士尼和水上樂園……」

想像能讓我們知道自己需要怎樣的改變。我相信這樣的場景，會讓你對自己想要擁有的生活有更深刻、更清晰的認識。因此，你會更有動力去做些什麼，好讓自己能夠過上這樣的生活。

3 我今天過得開心嗎？

看完未來，我們回到現在。問問你自己，今天或者這一段時間，你過得是不是開心，長久以來的情緒是怎樣的。如果用十分來衡量，你能拿到幾分。然後試著回答，你為什麼拿不到剩下的幾分，原因在哪裡？

4 做哪些事情會讓我快樂？

我所聽到的答案千奇百怪，有得到讚賞、拿到訂單、吃冰淇淋、玩遊戲、看電影、唱歌、打鼓、泡吧、拿到獎金、看到家裡的小狗……不管怎樣，給這些事情留出一些時間。或者多去做這樣的事情，並且保持平衡就可以。

5 未來我可以做些什麼來增加生活的激情和意義？

這是最重要的一個問題。通過上面幾個問題，你可能對自己的生活有了更清晰的認識，現在讓我們開始改變。也許是非常宏大的計畫，但你其實只需要從一些小事做起，比如報名參加一個培訓課程，每天閱讀二十頁專業書籍，每天寫一篇文章等。正是這些事情，而不是某個巨大的改變比如換了新工作、升了職才能幫你提高自己。

當然，接下來最重要的就是行動起來，「種一棵樹的最佳時機是二十年前，再就是現在。」永遠不要害怕太晚，任何時候，你都能夠讓自己變得更快樂，讓自己的生活變得更好。

肯可能是我年齡最大的學員之一，他五十多歲，雖然我認為他的自制力處於相當高的水準，但他還是表示希望能夠上完我的課程。他說，一個人應該不斷被督促，如果沒有別人，那就要靠自己。他給我們講了自己的故事。

人生的前四十年，肯做過各種各樣的工作，在披薩店做服務生，給超市送貨，當過計程車司機，也曾經做過業務，但每一樣工作都沒有堅持太久。

後來，他聽說放射理療師很受歡迎，可是申請者要求有一年以上的專業培訓，他不知道自己要不要去培訓，就跟一位朋友說：「我想去參加一個培訓，可是我這麼笨的人是一定學不會的，而且我明年就四十歲了。」那時候他幾乎已經打算放棄這個可笑的念頭了。但朋友說：「你什麼都不做，同樣會到四十歲，而且依然不會變聰明。」

他說自己非常感謝那位朋友，是他提醒了自己：**你想要的改變永遠不會晚**。而你既不需要擔心別人怎麼看，更不能自己阻止自己，儘管去做就是了。肯說，那一年的培訓，讓他從原來的艱難度日變成現在的能夠過上體面的生活。所以，他會不斷督促自己：有沒有什麼事情可以讓你變得更好？那就快去做吧。

我們都為肯感到驕傲，他為我們帶來了很多啟示和力量。你呢？我希望我也能夠為你感到驕傲。

平衡的生活才會豐盛

如果你每天為了工作忙得沒時間好好吃飯，只能邊走邊吃維他命，你沒有時間陪你的孩子玩耍哪怕一個晚上；或者你每天都在操勞家務，根本沒時間提升自我、關注個人成長。毫無疑問，這樣的生活都是不平衡的，不是我想要的，肯定也不是你想要的。因為只有平衡的生活才會豐富而精彩。

我這裡所說的平衡的生活，至少需要在下面三個方面取得平衡。

第一，是你的工作和家人、朋友之間的平衡。為了工作忽視家人和朋友，或者為了家人和朋友耽誤工作，這都是沒有找到平衡點。

第二，在個人時間支配方面你的內容要平衡。屬於你自己的時間至少要分成三塊，第一塊是「必須的活動」，比如吃飯、睡覺、開車上下班、完成你的工作任務等；第二塊是「有意義的活動」，比如陪孩子玩耍、規畫你的人生、讀書學習等；最後一塊是休閒時間，在社交網路上閒逛、看電視電影、外出度假等。它們缺一不可，而且也需要取得平衡。

當然，你知道的，我說的平衡並不是平均分配時間，而是怎樣分配時間才能讓你的生活井然有序地進行下去，同時又兼顧了各個方面的內容。

第三，在現在和未來之間的平衡。所以，你既要做好現在的工作，勝任現在的角色，同時也要考慮到未來，花時間為你的夢想或計畫做準備，這包括學習、社交、思考等很多內容。

每當我講到這裡的時候，都會有學員舉手，他們會說：「我知道您說得很對。可是，僅僅只是做好現在的工作，我已經很忙很累了。哪裡還有時間去取得平衡？」

「這說明你的自制力還處於比較低的水準，這也正是你為什麼坐在這裡。」

有些可愛的學員依然不明白，難以獲取平衡為什麼跟自制力差有關係。

其實它們的連繫非常明顯，如果你的自制力夠強，你就能夠掌控時間，也就能夠掌控你的生活，在生活的各個要素之間取得平衡。

我自己就能做到這一點，但這裡我想給你們舉兩個文學家的例子。

一位是獲得了諾貝爾文學獎的加拿大作家艾莉絲．孟若，在《出走》中她這樣寫：「生活總是那麼地忙亂。為了得到什麼並用掉它，我們總是白白耗費了我們的力量。其實又何必讓自己這麼忙碌，卻無法去做我們應該去做與願意做的那些事呢？」

她是有資格說這句話的，因為她做到了，帶大了四個孩子的她說：「我三十六七歲才出版自己的第一本書。而我二十歲時就開始寫作，那時我已結婚，有了孩子，而且還要做家務。即便在沒有洗衣機之類的家電時，寫作也不成問題。**人只要能控制自己的生活，就總能找到時間。**」

我特別喜歡她最後一句話，簡直可以作為我自制力訓練課程的廣告詞。

而另一位作家來自日本，名叫村上春樹。他和史蒂芬·金類似，出名以前都是利用下班以後、睡覺以前的那幾個小時來寫作，這就在現在與未來之間取得了平衡，不是嗎？

村上春樹三十三歲的時候為了減肥，開始堅持每天跑步。他每天寫作四個小時，然後出去跑步，每天跑十公里。這在從事寫作行業的人群中相當罕見，至少我知道的不多。他是這樣說的：

「天氣有時會太熱，有時太冷，有時又太陰沉。但是我還是會去跑步，我知道，假如我這一天不出去跑，第二天大概也不會去了。人的本性就不喜歡承受不必要的負擔，因此人的身體總會很快就對運動負荷變得不習慣，而這是絕對不行的。寫作也是一樣。

我每天都寫作，這樣我的思維就不會變得不習慣思考。於是我得以一步一步抬高文字的標竿，就像跑步能讓肌肉越來越健碩。」

顯而易見，這是一個自制力非常強的人。這段話我也常常引用，用來激勵我的學員，告訴他們自制力的重要性，以及我們到底該怎麼做。

所以，請不要再說「我太忙了沒有時間陪家人」、「我沒有辦法在工作時間和休閒時間之間取得平衡」，你這麼說，就等於在宣告「我沒有自制力，我喪失了對自己時間和生活的掌控權」，那是我這樣一個自制力訓練老師非常不願意看到的。

拒絕應該拒絕的人和事

你的時間和生活是需要捍衛的。我想你一定知道，在你專心工作的時候應該拒絕閒聊，你也應該拒絕隨便上網，有時候你甚至需要關掉電話。你可以和周圍的人商量好，確保自己擁有一整塊不被打擾的時間。

這都是為了保證你能夠「身心合一」地投入工作，你知道的。你意識到的東西，我不想多講，我不想浪費你的時間。但下面這兩點，是我想要格外強調的，而且我發現很多人並沒有意識到他們是應該被拒絕的。

第一個，**就是要注意拒絕那些心態消極的人，他們不僅會占用你大量的時間和精力，而且還會削弱你的自制力。**

我在前面講過「抱怨會讓精神能量流失」，而且抱怨是毫無意義的事，現在我還要補充一點，「聽別人抱怨也會讓能量流失」。那些心態糟糕的人，往往也是抱怨的「主力軍」，而且人們越抱怨會越喜歡抱怨。經常和那些人在一起，非常影響你整個人的狀態。

就在最近，我乘坐地鐵去市中心，坐在我旁邊的女人是個典型「抱怨狂」。從她坐在我旁邊開始，就滔滔不絕地打著電話向她的朋友抱怨起男朋友來。大到工作，小到雞毛蒜皮的生活習慣，這個女人簡直沒有不抱怨的。我本來想坐著看會兒報紙，但是我根本看不進去，那個女人的話不斷地傳入我的耳朵，以至於我都很好奇，這個男人到底是什麼樣？都這麼糟糕了，她為什麼還要和他在一起？

在我下車時，她還在說個沒完。走出車站，我長吁一口氣，聽人沒完沒了地抱怨可真是又費時間又費腦子的事情。我在想，電話那邊聽她抱怨的朋友，一定比我還累，因為她還得去組織語言安慰她，幫她分析各種情況和問題。

假如你是她的那個朋友，會不會覺得很累？可能你覺得「她是我的朋友啊，我為她花時間不是應該的嗎？如果拒絕聽她的抱怨，會不會顯得我很沒有同情心？」你可以選擇做一個富有同情心的人，但讓朋友和你一樣擁有強大的自制力，不再抱怨並且積極面對生活難道不是更好嗎？

如果你選擇做這樣一個「有同情心」的人，那麼請你考慮清楚，和那些心態消極的人在一起，除了能帶給你糟糕的情緒、浪費你的時間和精力以外，你什麼也得不到！所以，如果你接受我的建議，一定要拒絕這樣的人。

另一個你需要拒絕但通常沒有意識到的，是網路上的人，以及他們的觀點。這裡我想要改編愛迪生的一句話：**成功的祕訣是1%的努力加上99%對網路觀點的抵制**。為什麼？因為雖然網路給我們帶來了極大的便利，但網上有太多毫無依據甚至不負責任的言論。即便是正確的言論，如果反對你要做的事情的聲音，你依然要拒絕它。

當然，我指的是沒有安全問題的事情。網上說不能吸毒；說箱形水母有劇毒；說不能運動過量，這些都是真的，你沒有必要去證實。但如果網上說你來自阿肯色州鄉下，想在紐約站住腳是很難的；說你已經太老了，早已錯過學習外語的最佳年齡，請你不要理會它們，不要被它們影響得連超越自我的勇氣都沒有了。

幾年前，我突然想學鋼琴。我問了很多人，也去網上查詢，幾乎所有人都告訴我：「晚了，五六歲的孩子才是最適合學的，你都三四十歲了。」「太晚了，肌肉都僵硬了，手指也沒那麼靈活了。」

我知道他們說的可能是對的。可是，我只是想學習彈鋼琴，彈給自己或者家人聽，我也沒打算成為理查．克萊德曼，為什麼不能學呢？現在學習雖然是不早，但再過幾年就早了嗎？只會更晚。

我找了一位鋼琴老師，說我想學鋼琴，他當然不會拒絕，我成了他年齡最大的學生，和一群十歲以下的小朋友一起學習。

現在，我已經能熟練地彈奏好幾首曲子。家裡開派對的時候，我也能流暢地彈奏〈凡妮莎初展笑容〉了，雖然我一共也只會彈幾首曲子，但我很開心，這不就夠了嗎？

所以我總會告訴學員，想要做的事情，應該做的事情，就不要關心「能不能做」這種問題了，你只需要關心「怎麼做」，並且用你的自制力督促自己。不要被別人的意見左右，什麼都還沒有做就開始懷疑自己，那不是太愚蠢了嗎？

有效練習5 運用番茄工作法

番茄工作法不是我創造的，但我特別喜歡，所以在這裡介紹給大家。它是法蘭西斯科・西里洛創造的，但我在運用的過程中對它進行了改良，讓它使用起來更加方便。

簡單來說，番茄工作法就是讓你把自己的時間分成一個又一個的番茄時間（二十五分鐘為一個番茄，中間不能分割），為每一個番茄時間選擇一項任務，強制自己在這段時間裡集中注意力完成任務，不允許做任何與這個任務無關的事情。等到這一個番茄時間結束，你才能短暫休息，並且在休息結束後，開始下一個番茄時間。每四個番茄時間過去以後，你可以多休息一會兒。

毫無疑問，它能幫你把注意力在一段時間內集中到一件事情上，可以讓你更專注，而且二十五分鐘這個時間長度可以保證你不會疲憊，能夠集中精力。

但它有一個顯而易見的問題，我每天要接到很多電話，如果我正在番茄時間中，客戶或者學員打來電話，我能不能告訴他「我正在番茄時間中，能否請你十五分鐘後再打過來」？顯然不能。雖然我正在做的工作很重要，但還沒有重要到拒絕他們的程度。所以，在運用番茄時間的時候，我會變通，下面向你介紹我是怎麼做的。

1 設定我的番茄

首先要確定自己今天的工作內容，比如：明天的演講內容今天要再讀一遍，上臺用的報告也要檢查；要與六名學員打電話，詢問他們的練習進展；要跟位於堪薩斯市的一家企業核實培訓內容；要跟助理溝通接下來一週的日程；要為情況特殊的湯瑪斯先生單獨制訂非常明確、細化的練習課程……

算了算，我今天有七件性質不同的事情要做，但是給學員打電話，我打算在坐了一個小時以後站起來休息的間隙，一邊走動一邊打，所以不需要分配番茄時間。那麼，我就需要為六項任務分配番茄時間。

我給檢查明天演講內容分配的番茄時間是三十分鐘；跟助理溝通分配的番茄時間是十五分鐘；跟企業核實培訓內容分配的番茄時間是二十分鐘；為湯瑪斯先生制訂訓練內容花費兩個番茄時間，每個三十分鐘……然後把它們寫在桌面便箋上。

你可以看到，我的番茄時間是不固定的，有長有短，這是根據任務內容確定的。但最長不會超過一個小時，因為久坐不健康，而且人的注意力很難集中超過一個小時以上。

每兩個番茄時間之間，我給自己的休息時間是十分鐘。這十分鐘，我可以喝杯咖啡、打電話，並且根據當天的突發狀況制訂新的計畫，總之我會讓它有價值。

但是，如果是同一個任務的好幾個番茄時間，我會縮短中間休息的時間。比如給湯瑪斯先生制訂課程內容，我用了兩個番茄，這兩個番茄時間之間，我只休息五分鐘，因為我們進入工作狀態是需要一點時間的，這樣可以減少狀態切換成本。

2 開始運用番茄時間

我設定好鬧鐘，開始第一項任務，檢查明天演講內容，進展非常順利，我的工作做得很棒，沒有什麼需要修改的，只花了十五分鐘我就完成了任務。

雖然我的番茄時間是三十分鐘，但我提前結束了，把我的番茄鬧鐘關掉，在便箋上把這項任務後面打上「✓」。

休息了十分鐘以後，我開始第二項內容，打電話給那家企業，我分配給它的番茄時間是二十分鐘，但出了點小狀況，我們就某一個問題沒有達成共識，經過一番討論，問題解決了，但最終它多花了我四分鐘的時間，所以，這個番茄時間以二十四分鐘結束，我打上「✓」。

結束後，我站起來給自己倒了杯咖啡，給一個學員打電話溝通。

然後，我繼續下一個番茄時間。

在給湯瑪斯先生制訂訓練內容的第二個番茄時間裡，我接到了兩個電話，其中有一個是需要馬上處理的事情，這是計畫外事件，我宣告這個番茄時間作廢，開始動手處理意外狀況。完成以後，我再重新開始一個新的番茄時間。

就這樣，一天的工作完成了。我還留有一些時間思考問題、閱讀最新的研究文章。這一天結束後，我會花一點時間對今天的工作狀況做一個總結。

你瞧，這個工具雖然簡單，但很好用，在「Plan——Do——Check——Action」的過程中，我們的時間效率和自制力都得到了提升。

需要注意的是，在使用番茄時間時，你不一定能準確預計每一個任務所需要的時間段，這需要你加強對任務的判斷能力，不斷讓估計時間的能力增強。

第六章

使用自制力，培養成功的好習慣

習慣的驚人力量

艾瑪在完成了六十天減肥計畫後，養成了減肥健身的習慣，這讓她在後面的時間裡能夠自發地去進行鍛鍊，而不再需要我的幫助。

「如果今天沒有去做運動，我會感覺到十分不自在，就好像這一天忘了做什麼最重要的事。」艾瑪對我描述了那種感覺。

沒錯，這就是習慣的力量。

習慣來自於你的潛意識，就像出門掏出鑰匙鎖門，進門換上拖鞋那樣，你無須在意識裡主動提醒自己，但是你卻每天都在重複這些動作。

有研究表明，人們每天進行的90%活動都源自習慣：我們幾點鐘起床，怎麼洗澡、刷牙、穿衣、讀報、吃早餐、開車上班等，一天之內上演著幾百種習慣。這些習慣都是來自人們潛意識的驅動。

一旦你養成一個習慣，無論是好的習慣還是壞的習慣，你會覺得「違反」它、改變它非常困難。這種感覺就像一日三餐少了一頓飯那樣，人會從心裡感覺到不舒服。

我曾經有這樣一個習慣，就是每天早上到隔壁街的星巴克喝一杯拿鐵，看上一會兒《華盛頓郵報》，這個習慣先不用管它是好的還是壞的，但至少我在很長一段時間內都重複著這樣做，無論是晴天還是陰天。

直到有一天，不知道是哪種原因，這家星巴克突然搬走了，取而代之的是一家服飾店。這讓我在接下來的一個月時間裡感到極為不舒服，我買了報紙不知道去哪裡看。我也嘗試過在家裡自己煮點咖啡，或是找一家其他咖啡店，但我就是覺得沒有之前在星巴克的那種愉悅感——

我習慣了那個味道，甚至每次坐的地方都一樣！

我把這種感覺告訴我的夫人，她取笑我太固執了，可是，她又何嘗不是這樣。舉個簡單的例子，她每天晚上睡覺前一定會躺在床上看一會兒書，這個習慣跟隨她很多年了。有一次我們出去旅行，晚上趟在飯店的床上，本來已經很疲憊的她居然翻來覆去地失眠了。我問她是不是床不舒服，她對我說：「親愛的，如果這間飯店的客房能提供一本書看就好了！」

是的，「違反」她的習慣讓她感到很不適應。

我們每個人都有自己的習慣，我相信你也有。而且，很多時候，一個微不足道的好習慣會對你的事業和生活有很大的幫助。

珍妮在紐約的一家高級餐廳做服務生，她來自俄亥俄州一個不出名的小地方。出於對大城市的好奇，她喜歡觀察餐廳裡女客人的言談舉止，並在下班後對著鏡子模仿她們。久而久之，她養成了這個習慣，還逐漸學習她們穿衣打扮的風格。後來，她試著想到一家正式的公司裡工作，但她對自己的工作經歷和背景並沒有信心。但沒想到，面試的時候，她非常自然地展露出一個都市時尚女性的特質，無論是說話還是動作，都讓她很得面試官的好感。最後，她成了唯一被錄用的人。這一切歸功於她在餐廳打工時養成的習慣。

馬特是一名推銷員，他也有一個好習慣，他把這個習慣稱之為「本能」。這是一個什麼習慣呢？他在每次成功做完推銷後，總是微笑著對他的客戶說：「先生，如果可以的話，您能否再告訴我幾個您朋友的電話，我想您的朋友一定也會像您那樣有眼光！」馬特的這個習慣既恭維了客戶，也能幫他贏得一定的潛在客戶，當然這並不是次次都能成功的。很多推銷員做不到這一點，因為頭幾次被拒絕後，他們就不去想這件事了。

要知道，**好習慣的養成並非一朝一夕的事，這需要以你的自制力作為支撐。**而且，

一個普遍的事實是：越是難以養成的好習慣，越是需要強大的自制力。

我們都知道刷牙是一個好習慣，而跑步也是一個好習慣。相比起來，跑步比刷牙更難養成習慣，因為前者需要的自制力水準遠遠高於後者。

不過好消息是，一旦你養成了一個好的習慣，你的潛意識就會幫助你自發地去保持它，而這個時候，你可以「脫離」自制力的束縛。也就是說，當你養成習慣後，你就不用再去磨煉自己，因為習慣已成自然。

這種感覺就像《管道的故事》裡描寫的那樣，養成好的習慣如同修建好一條管道，你不用再去辛辛苦苦地挖土了，水會源源不斷地流過來，你只需要「坐享其成」。在這個過程中，自制力扮演的角色就是「工具」，一個修建管道的工具。

例如艾瑪，她通過六十天的訓練養成了健身的習慣，這個時候沒有人督促她，她也可以自己完成每天的訓練。還有前面提到的，我的助理溫妮，我給她制訂了一個規畫自己工作的步驟，她也養成了習慣，幫助她走上了事業的「高速路」。

所以，在這一部分裡，我們將會從習慣的角度幫助你提升自制力水準，幫你「修建一條管道」，我希望你能感受到習慣那驚人的力量。

二十八天，讓你一生受益

問一個問題：給你二十八天時間，你能做些什麼？

二十八天裡，你可以看完幾部科幻小說，然後和朋友分享一下你的閱讀體驗；二十八天裡，你可以學做幾道菜肴，讓家人一起來品嘗美味；二十八天裡，你可以遊走幾個城市，感受不一樣的異域風情。除此之外，二十八天裡，你還可以養成一個好的習慣，然後讓你的一生都受益於這個習慣。

對於這一點，我自己有切身的體會。

我的導師霍華德．傑克森曾經向我推薦了一個好習慣：隨身攜帶一個小的錄音機，隨時隨地錄下自己覺得有用的想法，甚至是做夢醒來，趁著還有記憶，把那些有意義、有意思的夢講出來、錄下來。然後每到錄音帶錄滿的時候，便打開從頭聽一遍，並記錄在紙上。

當霍華德先生向我推薦了這個習慣之後，我決定試著培養它，並買了一個迷你型錄音機。我不知道這樣做是否能有效果，但我還是照做了。在最初的幾天，我還不太習慣在公眾場合拿出錄音機，對著它講話讓我十分彆扭，心想如果別人看到我那麼做，會不會覺得我是個奇怪的人？

但是出於對霍華德先生的承諾和強大的好奇心，我還是始終提醒自己做到這一點，即使有的時候產生了某些想法而忘了錄音，我也會在當天的稍後時間裡拚命回憶並重新錄音。一週多的時間過去，錄音帶錄滿了，按照霍華德先生之前說的那樣，我從頭播放了一遍，並拿出筆記本做了詳細的記錄。

我一邊聽自己的錄音，一邊心裡暗自覺得這真是一個不錯的習慣。例如我在最開始時記錄的一些想法，如果沒有這個錄音機，我恐怕早就忘得一乾二淨了。於是，接下來的日子裡，無論是在辦公室、郵局、餐廳、車站，甚至是電影院裡，只要腦中閃現任何自己覺得有價值的想法、點子，我就錄下來。有一次，我夜裡做夢起來，想起那個夢，我都拿出錄音機趕緊錄上那麼一段，生怕自己忘了。

一個月下來，我錄了三捲錄音帶，記錄了滿滿十幾頁的筆記。其中有很多想法在後來逐漸變成了有價值的東西。直到現在，這個小小的錄音機成為了我最親密的「伴侶」。甚至後來別人送給我一支高級的電子錄音筆，我都還是習慣用這個卡帶式的小錄音機。

你看，好習慣就這樣在不知不覺中變成我身體的一部分，讓我「欲罷不能」，受益終生。但是培養一個好習慣卻需要一定的自制力，因為你需要每天反覆去讓自己適應一個新的動作、新的方式，而這些會打亂你原來的生活習慣，甚至對你的潛意識造成衝擊。

下面，我用肖恩的例子來說明這種衝擊。

肖恩在四十歲體檢的時候被查出患有心血管疾病，醫生要求他立刻停止攝入高熱量、高脂肪含量的食物，否則情況會變得非常糟。這對肖恩來說是個很艱難的挑戰，長期以來，他從早上開始，一日三餐都習慣於那些高熱量和高脂肪含量的食物，是的，他是個典型的「食肉動物」。但現在，醫生要求他停止吃那些東西，並開始進行體育鍛鍊。

他的家人希望他能做到這一點，並為了他的健康，每天的飯菜都以素食為主。肖恩也想過，為了自己和家人，他應該努力讓自己的飲食習慣發生改變。但堅持了幾天之後，受到衝擊的潛意識開始反抗：「那些沒有肉的東西怎麼能叫食物呢！」「肖恩，只要少吃點肉就行，別那麼委屈自己。」

在原有潛意識的頑固反抗下，肖恩開始動搖，「心理許可」開始發揮作用，於是，他每天在回家之前，都會悄悄地跑到附近的速食店吃一點油炸食品或煎肉，然後回到家再繼續吃素。幾個月後，肖恩到醫院複查時，身體情況並沒有得到絲毫改善。在家人的詢問下，肖恩才說出了實話。

培養一個好的習慣，同時告別一個壞的習慣，這會讓你長期以來培養的潛意識徹底被顛覆，所以你必須通過自制力和時間來完成這種轉換。

這就像你在院子裡栽種了一棵小樹，而你不斷給它澆水施肥，幾天、幾週、幾年過去後，這棵小樹變成一棵參天大樹，但是你卻發現了一個問題——它把你的房子徹底擋住了。於是你想先移走它，然後種上一些漂亮的花草，但卻發現把它弄走是那麼困難，而且種花又需要你重複栽種和施肥。

你的院子就是潛意識，那棵你想移走的參天大樹，就是你之前不斷「施肥」而培養出來的壞習慣，而你想要種的漂亮花草是你想培養的好習慣。如果你想改變院子的全貌，你必須得費點時間和力氣，難道不是這樣嗎？

正如我前面所講的，**在這種潛意識的轉變過程中，能幫你實現它的最關鍵兩個核心因素就是你的自制力水準和重複的時間，兩者缺一不可**。如果肖恩的自制力能夠讓他取消「心理許可」，並堅持二十八天甚至更長時間的話，他將會完全適應素食的生活。

要知道很多的素食者都不是天生的，而是因為某種原因暫停了一陣吃肉，但當他們不再需要「戒肉」的時候，他們已經想不起來甚至是不願意再吃肉了。

「無一例外」原則

有人曾經質疑我：「我上回改掉玩網路遊戲的習慣，只用了兩週，根本不需要二十八天！」我問他：「你養成玩網路遊戲的習慣花了多久？」他回答我說：「嗯，我玩了兩個多月了。」

這就是問題的關鍵，你的壞習慣存在的時間越短，相對來說，你改變它所需要的時間也越短。因為它們就像還未長成參天大樹的小苗，你很容易就連根拔起。但現在的問題是，我們往往需要改變的，是我們花了很長時間培養出來的「參天大樹」。

芬克有酗酒的壞習慣，這個習慣伴隨他十多年，從他二十歲開始就已經養成了，幾乎每一天他都要喝個爛醉如泥。他三十六歲結婚之後，沒多久他的妻子就發現並要求他改掉這個習慣，否則就和他離婚。這對芬克來說十分艱難，因為他不是一個自制力很強的人，所以他拖拖拉拉地用了半年時間，情況才有所好轉。

我可以很負責任地說，如果你想盡快改掉一個長期養成的壞習慣，一定要提高你的自制力水準，否則你肯定無法在二十八天內實現這種轉變。

在這裡，我向諸位推薦一個原則，我把這個原則稱為「無一例外」原則。這個原則非常簡單：即在改變壞習慣或養成好習慣的這二十八天時間裡，每一天都要重複新的好習慣，沒有一天可以例外。

這個原則簡單到可能很多人會對它嗤之以鼻，這算什麼原則啊，再說了，這有什麼難度嗎？

對於恥笑這個原則的人，我向來都只微笑著答覆他們一句話：「你可以試試！」「好吧，試試就試試！」人們差不多都會這麼說。然後呢？

我在雅虎網站的交流平臺上，向公眾發起過一場小的活動，就是鼓勵大家試試「無一例外」原則，並要求每個參與者真實地跟我溝通他們進行的情況。這個活動有數百位網友報名參加。

辛蒂打算試試這條原則，她想在二十八天之內養成每天早起看一個小時專業書的習慣，但是到了第十九天的時候，她起晚了，因為前一天晚上她和朋友泡了一晚上的酒吧。她不得不匆匆忙忙地趕去上班，「無一例外」原則被打破了。她發了郵件給我，我鼓勵她重新試試。

伯維爾也想試試這條原則，他想在二十八天之內改掉「從不整理辦公桌」的習慣，並想養成「每天下班整理辦公桌」這個好習慣。但遺憾的是，在第八天晚上，他的女朋友瑞秋和他鬧了點彆扭。第九天時，伯維爾一天都在想著用什麼方法，能夠在晚上哄好瑞秋，結果他忘記整理辦公桌就匆匆離開了辦公室。就在當天晚上，他哄好女朋友之後，突然想起來自己忘了整理，於是只好給我留言，表示了歉意。

喬維也計劃試試這條法則，他希望自己能在二十八天之內不吸一支菸，並期待能從此戒掉吸菸。但和我預期的一樣，他在一週之後就發來了郵件，他受不了了。路過那些正在吸菸的人，二手菸的香味讓他渾身發癢，他直接放棄了繼續嘗試。

「無一例外」原則聽上去簡單，但真正能做到的人卻並不多，特別是想根除壞習慣的人。根據我們在活動後的統計，有77%的人最終沒有堅持到底，有14%的人最後沒有向我提交結果，只有9%的人發郵件表示他們成功做到了。但是我相信，這9%的人中，或許有的人對自己稍微「寬容」了一些。

為什麼會這樣難做到呢？因為在二十八天的時間裡，除了要去對抗根深蒂固的潛意識外，你還會面對惰性、突發性事件、誘惑、情緒波動、時間衝突等諸多影響因素，這些因素會讓你提前結束這段「旅程」。

是的，堅持二十八天「無一例外」並不是你想像的那麼簡單，甚至很難！但是只要你下定百分之百的決心，儘管去做，你就可以做到沒有例外。請你相信，你下的決心越大，自制力也會越強。

你或許會問，難道我在這其間不可以停止一天嗎？答案是：不。你要知道的是，對於自制力強大的人來說，二十八天毫無例外根本就是「小菜一碟」。

我的朋友，威恩．戴爾，國際知名的勵志演說家、節目主持人，二十多年的時間裡，他每天至少跑四千公尺，從未間斷過。即使是寒冷的冬天，他也會在房間的走廊和樓梯間跑來跑去，為了做到「無一例外」，他甚至還在飛機上的過道裡跑過步！

亞瑟．溫斯頓，你或許都沒聽說過他的名字，他從十八歲開始在洛杉磯交通局工作，一直工作到他一百歲生日那一天。這九十多年的時間裡，他從未請過一天病假，半天都沒有！他唯一請的一天事假，是在一九九八年他妻子下葬的那一天。一九九六年，美國前總統柯林頓授予他「世紀員工」的稱號。

如果你並沒有下很大的決心，甚至連挑戰的勇氣都沒有，我勸你不要嘗試這條原則。如果你想觸碰它，你必須堅持到底。

堅持就是自制力

如果你想要戒酒，那麼在任何場合都不要去碰酒杯；如果你要堅持晨跑，即使下雨，你打著傘都要去跑上一圈。無論是改掉惡習還是養成好習慣，堅持就代表了強大的自制力。

對於這一點，暢銷書作家斯賓塞博士曾說過：「水滴石穿的堅持，就是自制力的完美體現，也是創造這個世界的最偉大力量。」

人們常把成功歸結於個人的天賦和興趣上，正如很多人都說：「比爾·蓋茲就是喜歡鼓搗那些電腦的東西。」「巴菲特就是對投資有天賦。」

但是我卻反問這些人：「對電腦感興趣的人千千萬萬，為什麼像比爾那樣的成功者卻寥寥無幾？」「對投資有天賦的人也數以萬計，華爾街裡就有無數這樣的人，為什麼沒有幾個像巴菲特那樣成功的，還有好多破產的？」

這些人被我問住：「啊，這我就不知道了！」

我更進一步地問他們：「你最清楚你的天賦和興趣，為什麼你不能依靠它們取得成功？」

「……」人們不知道如何回答。但是他們心裡會想：對啊，為什麼不是我？

「我明明在寫東西上面很有天賦，為什麼我成為不了作家？」

「我對跳舞很有興趣，也學過一段時間，但為什麼我卻總跳不好呢？」

「我是天生的『外交家』，別人都這麼說，可為什麼我總賣不出產品？」

是啊，我也很奇怪，為什麼成功的不是你？

你的天賦和興趣為什麼不能換來成功？甚至連片麵包都換不來呢？

賴瑞．柏德是前NBA著名球星，一代傳奇人物，擁有三次的總冠軍，被球迷們親切地稱為「大鳥」。尤其是賴瑞的三分球得分能力，是他能夠率領球隊獲得冠軍的有力保證。人們問他：「你是怎麼做到的？」

賴瑞笑著回答說：「我在上國中時就開始練習三分球投籃了，每天早上投五百次籃然後再去上學，我堅持這麼做直到我成為一名職業運動員。」

如果你能堅持這麼做，你不需要多高的天賦，你也可以成為一名優秀的球員。

艾迪．范海倫是美國搖滾樂最傑出的吉他手，他無論是彈琴的速度還是精準度，都令其他樂手望塵莫及。他是怎麼做到這一點的呢？他從上國中開始接觸吉他後，每天都抱著吉他練習五個小時以上，而成為職業樂手後，只要不演出的時候，他依然安安靜靜地坐在那裡練習彈琴。

如果你也能堅持這樣做，就算你對吉他沒有興趣，你也一樣彈得比任何人都好。

你看，無論是賴瑞．柏德還是艾迪．范海倫，他們都是堅持的受益者，這種堅持超過了天賦、興趣所能帶給他們的能量。我敢和你打賭，你就算沒有某一方面的天賦，只要你能堅持練習、刻苦學習，你一樣能獲得成功。

在我看來，我的女兒菲比絕對沒有任何美術的天賦，從六歲開始她正式學習繪畫，我就發現了這一點。別的小朋友畫的作品看上去那麼好看，可小菲比的畫看上去總是「皺皺巴巴」的。有一次，她畫了一隻貓，但我怎麼看都不像動物。還有一次，學校舉行孩子們的繪畫作品展，我看到小菲比的畫被老師們放到了最邊上不起眼的位置。

不過我從沒有打擊過她的積極性，我只是對菲比說：「親愛的，如果妳喜歡畫畫，妳可以把它當成妳未來的職業。」

「真的嗎？爸爸。」小菲比疑惑地看著我，「同學們都畫得比我好呢。」

「才不呢，爸爸認為妳畫得非常好，一點都不比別人遜色，畫什麼都很像！」我說了一個善意的謊言。

小菲比對我的話深信不疑，只要一有時間，就拿出畫筆練習畫各種東西。這讓我和妻子有點擔心，因為畫畫占用了她大量的時間，會不會影響她在其他方面的學習呢？如果她能夠在自己比較有天賦的方面下功夫，例如音樂和運動，會不會比每天都埋著頭畫畫更好一些呢？

雖然很糾結，但我們還是鼓勵小菲比繼續練習畫畫，並經常誇獎她。

慢慢地，我發現菲比畫得越來越好，超過了大部分同齡的孩子，還贏得了市裡兒童繪畫競賽的獎盃。拿獎歸來的路上，在車裡我對她說：「菲比，妳看，只要妳感興趣，妳就一定能做好。」

小菲比扭過頭認真地對我說：「爸爸，我對畫畫並不感興趣。」

「什麼？那為什麼妳每天都在畫畫呢？」她的回答讓我很吃驚。

「那是因為，你很早就誇我『畫得非常好』，我喜歡你和媽媽誇我，所以我就一直在畫。」小菲比抱著獎盃笑嘻嘻地說。

「妳看，我們沒有誇錯妳吧。」我伸出手臂，輕輕拍了拍小菲比……

在此之後，菲比一直堅持學習美術繪畫。二十多年過去了，菲比雖然沒有成為畫家，但卻成為了一名出色的服裝設計師，連珊卓．布拉克、珍妮佛．安妮斯頓都曾穿過她設計的服裝！這一切要歸功於她對美術的堅持。

所以，**你可以沒天賦，也可以沒興趣，但你只要找到一個說服自己去做某件事的理由，並堅持到底，你就可以做出一番成就來。**小菲比學習畫畫的理由——喜歡被稱讚，雖然聽上去孩子氣十足，但對她來說卻足夠了。

並且，最重要的是，她堅持了下來。

那麼，你呢？

邀請幾個監督員

當你擔心自己的自制力，還不能支撐你實現二十八天習慣養成的話，你可以做的一件事，就是邀請別人來監督自己。不要害羞！

多數人喜歡自己悶頭培養習慣，他們會對自己說：「瞧我的！我一定怎樣怎樣……」還有人會想：「我自己的事，根本沒必要讓別人知道。」

但這樣做並不好，因為人們在缺乏監督的情況下，往往會變得不自覺。主要原因是人們的潛意識裡會有這樣的想法：「反正也沒人知道，何必為難自己。」的確是，人都是這樣，喜歡追逐那些讓自己感到輕鬆的事物，盡量逃避那些讓自己「為難」的情況。這就是惰性產生的內因所在。

惰性一旦侵襲你的思想，你的自制力就會下降，結果是，你變得不自控了。所以你必須想盡辦法，制約你的惰性。我推薦你向別人求助，邀請別人來監督你。

在本書的第二部分裡，我講過自己為一家公司提高工作效率的做法，你還記得嗎？

在當時，我讓每個員工制訂了當日的工作計畫，並隨機由其他同事幫助檢查。這其實就是利用別人進行監督的道理。

而現在，我們更進一步，主動邀請別人參與到我們的習慣養成之中，幫助我們克服惰性並提高自制力。你會發現，只要你邁出這一步，後面就會變得簡單很多。你可以請那些和你志同道合的朋友來一起互相監督，也可以把你的計畫告訴給別人，總之，這都管用！

丹尼爾．巴登是我早期的學員之一，剛認識時，他的自制力水準處於很低的級別。當我為大家講到「習慣力量」這一部分時，我給學員們布置了一項作業：二十八天培養一個好習慣，並使用「無一例外」原則。

每個人都在訓練營的黑板上寫下自己要培養的習慣：

「我是麥克．丹奇，我要在二十八天之內養成每天五點鐘起床工作的習慣，無一例外！」

「我是海倫．洛根，我要在二十八天之內養成每天練習一個小時瑜珈的習慣，無一例外！」

「我是安東尼．布魯默，我要在二十八天之內養成每天看兩個小時書籍的習慣，無一例外！」

……

最後，輪到丹尼爾寫了，他走到黑板前，拿起粉筆哆哆嗦嗦地寫下他的計畫：

「我是丹尼爾．巴登，我要在二十八天之內養成每天學習三個小時法語的習慣，無一例外！」

看到丹尼爾一邊寫，頭上不斷冒汗，我察覺出他對自己的自制力並沒有足夠的信心。於是，我做了一個令他吃驚的舉動，我當著所有學員的面，大聲地問他：「丹尼爾，你寫得不是很清楚，請你向我們大聲說一下你寫的是什麼好嗎？」

丹尼爾被我突如其來的要求嚇了一跳，只好硬著頭皮對大家說：「好吧。我……我是丹尼爾．巴登，我要在二十八天……」

「丹尼爾，你的聲音太小了，你看海倫伸著脖子在聽，她肯定是因為聽不清你在說什麼?是吧，海倫?」我衝坐在後面的海倫使了個眼色。她站起來大聲說：「是的，請你大聲點。」

丹尼爾的手更哆嗦了，不過這回他鼓足了勇氣，臉憋得通紅，大聲地向我們所有人宣布：「我是丹尼爾．巴登，我要在二十八天之內養成每天學習三個小時法語的習慣，無一例外！」

「好的，丹尼爾，你讓我們所有人都聽得很清楚。」我拍了拍他的肩膀，然後衝著會場說：「海倫，妳看，為了妳，丹尼爾的臉都紅了，妳是否應該表示一下呢？」

大家發出了笑聲和叫好聲，海倫和丹尼爾有點不知所措。

我停頓了一下接著說：「海倫，我想請妳每天給丹尼爾打個電話，監督他學習法語，二十八天之後他一定會變得非常浪漫，像法國人那樣。妳看可以嗎？」

全場又一片笑聲，海倫笑著回答：「沒有問題！」

我轉頭問了一下丹尼爾：「你不介意一個美女每天給你打個電話，聊聊天吧？」

丹尼爾有點迷茫地說：「我想，應該沒有問題吧。」

「好，那就這麼定了，還有人願意給丹尼爾打個電話嗎？」我轉身又問大家，大多數人都飛快地舉起手來。

「OK，安東尼，剛才你『叫好』的聲音最大，這個活也交給你。」

「哈哈，保證完成任務！」安東尼是一個活躍分子。

就這樣，我幫丹尼爾邀請了兩個人監督他完成學習的計畫。結果是，一個月後，丹尼爾不僅堅持做到了，還站在會場中間，用法語為我們朗誦了一首小詩，並且他和海倫以及安東尼也成了非常好的朋友。

在丹尼爾朗誦完詩歌之後，我讓他分享了這二十八天的感受，他很激動地說：「我曾經試過學習法語，但是好幾次我都沒有堅持下來，因為法語又枯燥又難，不像別人說的那樣。而這一次，有了兩位朋友的監督，我在二十八天時間裡做到了『無一例外』的學習，現在，對我來說，每天都堅持學習已經變得非常輕鬆了。」

「謝謝你的分享，我敢打賭，你會變得越來越浪漫，整個紐約的美女都會被你迷住！」我誇獎了丹尼爾，他經歷了這樣一個艱苦的過程，我相信他的自制力已經提高到新的水準。

讓別人監督你培養習慣，能在無形中帶給你壓力和動力：如果你做不到，你會在別人面前變得尷尬；如果你做到了，你會在人們面前變得自豪！所以這種來自外界的壓力和動力，能夠有效地激發你的自制力。

這就像你給皮球一定的壓力或給它來上一腳，皮球就能飛起一樣。但你悶聲不響地去執行計畫時，就只有自己給自己的壓力，而這種壓力多半會被你的惰性所吞噬掉，所以才會出現你無法堅持的局面。

而且，你邀請監督你的人對你越重要，數量越多，就越有利於你堅持下去。想想那些出色的橄欖球隊，只要現場觀眾越多，支持聲越大，他們就能發揮得越出色。而相反地，在平時的訓練對抗中，小夥子們反而提不起精神——沒人來看！

所以，不要讓你的計畫「神祕化」，找到你的觀眾，邀請他們來觀看，然後賣力地「表演」吧！

想偷懶時，用「IDR」對策

儘管我是教授自制力的專業人士，但我也和你一樣，也有疲憊不想工作的時候，我也會想著發給自己一張「心理許可」，讓自己輕鬆快活一下。在疲憊和厭倦的時候，人人都想懶惰一把，多正常啊。

但我知道，那種感覺對我並不重要，因為每當懶惰來襲，我有三個對策可以對抗它，我把它們稱為「IDR」策略。就像三個職業後衛來阻擋對方前鋒的攻擊那樣，我會把懶惰牢牢地封死在本方的「禁區」裡。

當你在二十八天習慣養成的過程中犯了懶，不要著急，除了可以邀請別人監督你以外，你還可以試著使用「IDR」策略，這樣就會精神百倍地重新投入「戰鬥」。

1 幻想自己（Imagine Yourself）

這個策略來自我的一次經歷。那是我二十幾歲身體發胖的時候，我打算通過每天長跑來進行鍛鍊。這對於胖子來說並不容易，特別是冬天，寒冷的風吹來，誰都想舒舒服服地坐在家裡喝著咖啡，讀書休息。

是的，跑了幾天之後我犯了懶，我一邊咒罵著寒冷的冬天，一邊想著回到我的「安樂窩」。就在我猶豫不決的時候，身邊跑過的路人微笑著衝我打了個招呼，我也衝他們打了招呼，然後看著他們逐漸跑遠的身影。我突然蹦出一個念頭：「在他們眼中，我現在是什麼樣的呢？」

我開始幻想自己跑步的樣子：一個胖乎乎的、步伐沉重的男人，臉上的表情痛苦又扭曲，正在大口大口地喘著氣，好像一副受盡折磨的樣子。難道這就是我想帶給別人的印象嗎？我幻想著自己跑步的醜態，感到十分羞愧。

無論怎麼跑都是跑，為什麼不能換個樣子呢？如果我看上去步伐輕鬆、動作優美，臉上保持著輕鬆的微笑，小口呼氣保持平穩，每個路過我身邊的人一定會這麼想：「嘿，看那個人，他雖然胖，但是很享受跑步啊。」

是啊，我為什麼不換個狀態呢！於是我試著調整了跑步的節奏，對路過的人都微笑著點點頭，人們也對我回以笑容，這個改變讓我感覺非常不錯，我覺得自己不是在做一件苦差事了，而是在城市的中心享受運動，並給別人帶去溫暖。

當你在做某件事時，你可以幻想一下自己正在做它的樣子，如果你做得很好，你就保持住；如果你做得不好，你就改變它。

2 描繪願景（Describe the Future）

近二十年來，全世界大多數的勵志專家，都在用「看見你想要的，得到你看見的」這個理念激勵聽眾。雖然這很老套，但確實管用。

這個理念是什麼意思呢？其實核心就是我們常說的目標，只不過是更具象的目標——願景。比如你的目標是成為有錢人，那麼願景就是住在海邊的別墅，開著保時捷或賓士，銀行帳戶有上千萬的美金等。

這聽上去有點讓人興奮，不是嗎？其實當你在進行習慣培養時，也可以使用這個策略。打個比方，你想養成每天都整理文件的習慣，那麼當你想偷懶時，你不妨停下來，拿出幾分鐘時間進行冥想，在心裡描繪一下習慣養成後的願景。

那會是個什麼景象呢？你的所有文件都規規矩矩地擺放在固定的位置上，你不會再為找不到東西而抓狂，你會工作起來既有成效又輕鬆，這個習慣甚至讓你連自己的住處都保持整潔……

你一邊休息身體，一邊在心裡描繪願景，然後你就會積極主動地開始整理文件，把今天收到的電子郵件、紙質文件等各種文件分門別類地放好，然後再下班。如果你的願景描繪得夠好，你還可以在回家後整理一下自己的房間。

3 即時獎勵（Reward In Time）

找到你最喜歡的事物，把它們作為一種獎勵。當你在今天戰勝懶惰時，就把這種獎勵頒給自己。

這個策略，學員們在實際應用中取得了我想要的結果。例如拜隆，他把看一部電影作為對自己的獎勵；而威廉，他把打一個小時的桌球作為對自己的獎勵；還有凱蒂，她對自己的獎勵是吃上一塊糕點，不過我建議她最好換成別的，因為那會讓她變胖；史蒂芬對自己的獎勵則是看上一會兒漫畫書……

總之，學員們都通過自己最感興趣的事情來幫助自己實現計畫，有效地抵制了懶惰的滋生。不過需要注意的是，我不推薦通過美食、購物、飲酒、吸菸等方式作為對自己的獎勵，因為那容易在你養成好習慣的同時，養成了附帶的壞習慣，得不償失！

現在，對於想培養好習慣的你來說，不妨試試「ＩＤＲ」策略，它會幫你提高自己的自制力和自律性，遠離惰性的困擾。

而進一步講，「ＩＤＲ」策略不光可以用在習慣的養成上，還能在你生活和工作的其他方面起到促進作用，當你試著用它們約束自己的時候，你會發現，它們真的很棒！

也許你根本沒找到問題的根源

為什麼有時候你會覺得，明明並不難養成的習慣，但卻總是做不到？是我們的自制力出了問題，還是我們根本就沒有找到問題的關鍵？在回答這個問題之前，我們一起來看看莎洛蒂的經歷。

莎洛蒂是個很勤奮的職業女性，她對自己的要求從未放鬆過。一年之前，她希望養成一個有助於她事業的習慣——每天早上五點鐘起床閱讀商業書籍。但是，她試過很多回，總是以失敗告終。沒堅持幾天，就回到了七點起床匆匆忙忙去上班的情形。這讓她很苦惱，她覺得自己的自制力不夠好，便請我給她一定的指導。

「莎洛蒂，我們一起來探討一下，為什麼妳很難堅持做下去，好嗎？」聽了她的描述，我希望能幫她找到問題的根源。

「好的，我覺得自己的自制力不夠好，儘管我下了很大的決心，但是我還是無法堅持每天都做到早起。」

「我想知道的是，鬧鐘響起時，妳的感覺是怎樣的？」我問她。

「我感到很累很睏，大部分時間我真的不想起床。」她很誠實地說了自己的感覺。

「那麼，為什麼妳會感到很累很睏呢？只是因為鬧鐘設得很早嗎？」

「哦，我想想，是這樣的，我睡得比較晚，早起會讓我睡眠不夠，所以我才會感到非常睏。」莎洛蒂說。

「好，妳看，問題的關鍵已經浮出水面了。為什麼妳會睡得很晚？妳失眠嗎？」

「那倒沒有，只是，我每天有太多事情要做，有時候需要熬夜才能完成。」

我看出莎洛蒂有一點輕微的黑眼圈，我知道這是長期熬夜的結果，「是妳給自己訂太多的計畫，還是別人要求妳做那麼多的事？」

莎洛蒂想了想說：「嗯，我想我大概高估了自己吧，我總是給自己制訂計畫，但是好像總是要比計畫完成得慢。」

「那妳做事的效率如何？」

「說實話，不是特別高，我做什麼都有點慢條斯理的。有些時候，我也注意到我有這個問題，明明上午應該打完的電話，我會下午才能打，呵呵。」莎洛蒂苦笑了一下。

「但是妳每天都能完成妳的計畫，對嗎？」

「是的。」莎洛蒂點點頭。

我沉思了一下，然後對她說：「莎洛蒂，我並不認為妳的自制力很差，妳能每天都完成自己的計畫，妳已經很厲害了。」

「哦，是嗎？」她微笑了一下，大概心裡美滋滋的。

「先不要高興得太早，妳有沒有發現，妳起不來是因為睡得晚，睡得晚的原因是事情沒弄完，事情沒弄完是因為妳白天做事效率不高，我說得沒錯吧？」

莎洛蒂想了想，點點頭：「是的，我的效率確實不太高，但我一直在做事。」

「效率不高的原因是什麼？是因為妳有拖延的習慣，對吧？」

「是的，我確實有這個問題。」

「所以，我們換個方向考慮這件事，如果妳能改掉拖延的習慣，妳就會提高做事的效率；效率提高了，妳就能按時完成任務，並早點休息。早睡會讓妳得到充足的睡眠，五點鐘起床妳也不會感到那麼睏了。我們可以這麼理解嗎？」

「是的，我覺得您找到了問題的根源。」

「那麼，現在妳需要解決的不是培養五點鐘起床的習慣，而是改掉妳拖延的習慣，從根本上解決問題，妳同意我的觀點嗎？」

「我同意！」莎洛蒂使勁地點頭。

在這之後，我幫助莎洛蒂把目標從每天早起轉移到了改掉拖延的習慣上面，在二十八天的時間內，莎洛蒂提高了工作的效率，可以做到晚上十一點前睡覺。而在這之後，我們又用二十八天「無一例外」原則幫助莎洛蒂做到了每天五點鐘起床。而再後來，習慣成自然，莎洛蒂在一年時間裡看完了三十八本商業書籍。她還專程到我這裡表示感謝。

有一些人像莎洛蒂一樣，其實他們的自制力水準並不屬於較低的層級，只是一些壞習慣牽絆了他們，限制他們走得更遠，飛得更高。而改掉這些壞習慣，則需要自制力作為支撐，堅持二十八天「無一例外」原則後，習慣即成自然。

不過，你需要特別注意的一點是，很多事物並不像你表面看到的那樣，特別是習慣和習慣之間，往往存在一定的關聯性。在莎洛蒂的案例中你可以看到，導致她無法養成早起習慣的原因，是因為她有做事拖延的習慣，而當她改掉了拖延之後，再讓自己早起就變得容易很多。

所以在你準備改掉一個壞習慣之前，請先思考為什麼會有這個壞習慣，是不是有什麼根本的原因，你沒有意識到？如果你不能從根本上解決，早晚你還是會養成那個壞習慣。這和不切除腫瘤，癌細胞還會擴散，是一個道理。

你可以試著做這個練習，然後找到問題的關鍵，再做打算！

為什麼我經常暴飲暴食？↓因為我經常不按時吃飯，肚子很餓才會吃很多！

為什麼我考試總要作弊？↓因為我經常蹺課，考試時腦子裡一片空白！

為什麼我總是工作效率低下？↓因為我從不提前做出規劃，大部分時間都用在發呆上面！

為什麼我經常吃漢堡、炸雞那種垃圾食品？↓因為我經常連續玩很長時間的電腦，只能訂速食！

為什麼我＿＿＿＿＿＿＿＿？↓因為我＿＿＿＿＿＿＿＿！

替換，而不是抹去

吸菸導致肺癌，酗酒誘發肝病，跑步帶來健康，減肥贏得形象。一句話，習慣的好壞決定了你生活品質的高低。如果你有很多生活和工作上的壞習慣，我勸你趁早改掉它們，否則你將自食苦果。

但是改變並不容易，否則的話，世界上將會有三十億人停止吸菸，十億人不再酗酒，三億青少年告別網路遊戲。正如我在前面所說的，壞習慣一旦養成，在我們的潛意識裡根深蒂固，想要改變就會非常困難。

因為長期看書和寫作，我養成了「久坐不起」的習慣，我的醫生建議我盡量改掉它，因為這會誘發頸椎病和心血管疾病。我試著設了個鬧鐘，每工作一小時提醒自己站起來活動十分鐘，但是站起來後，自己在屋子裡蹓躂了幾步，沒兩分鐘又坐了回去。我知道這樣起不到太多的改善作用，我便開始向大腦提問——我可以站起來做點什麼事情呢？一邊想，我一邊列了個單子：

· 泡杯茶或煮杯咖啡
· 站在陽臺上看會兒風景
· 買一臺跑步機跑上十分鐘
· 打開電視看十分鐘新聞
· 到街上吹吹風
· 用電腦上網打一會兒撲克牌
……

我列了十幾條，然後思考它們的可行性：喝過多的茶和咖啡對身體無益；對面陽臺上的風景實在單一；我已經有早上跑步的習慣所以無須再用跑步機；到街上吹風容易感冒；上網打撲克牌容易變成壞習慣……看新聞這個不錯，但是眼睛得不到緩解，有沒有更好的選擇呢？

對了！我一拍腦袋突然想起來，我每天都要拿出一兩個小時和學員們進行定期溝通，詢問他們自制力訓練的情況，為什麼不把這些電話分散一下，在我工作的間隙站著打給他們呢？我為什麼非要坐在椅子上，舒舒服服地打給他們？

我拿出記事本，翻開今天的工作列表，這是我昨天下班時已經做好的。上面有我今天要打的電話清單，下午三到五點我要分別和九個學員進行電話溝通。我決定嘗試改變一下，但我的習慣是按照工作列表進行工作。於是，我把工作列表修改了一下，並不規定自己在哪個時間段打給哪些人，只是把人名、電話和溝通內容一行行寫了下來。

我開始嘗試培養這個習慣：在工作一個小時後，拿起電話，一邊蹓躂一邊打給我的學員，每次至少打上十分鐘。如果某一天定期溝通的學員沒有那麼多人的話，我還可以打電話給我以前的學員或朋友，這樣能夠讓我的人際關係更穩定。總之，我要把工作間隙打出的電話名單安排好，每打完一個電話，做下記錄然後在人名前面畫記號。

是的，我開始那麼做了，我工作了一個小時之後，鬧鐘響起，好像在說：「嗨，你該給戴爾公司的詹姆斯打電話了，順道活動一下身體！」於是，我停止手上的工作，站起來拿起電話，打給詹姆斯。

「你好，詹姆斯，我是你的自制力教練。不知道你最近有沒有堅持進行自制力的訓練呢？」

「哦！您好，先生，我最近正在練習抵抗外界干擾，覺得自己有了很大的進步，不過我現在有一點疑問，我能向您諮詢一下嗎？」

「當然，我打電話的目的就是為了瞭解你的情況，你有什麼問題都可以向我諮詢。」

「那太好了，是這樣的……」

……

我一邊在房間裡踱躂，一邊拿著電話幫助詹姆斯解決他的問題，這種感覺很好，我感覺我既把時間花得有價值，又可以讓身體得到調整。

這個電話打了十五分鐘，打完我坐回椅子上，在記事本上做了簡單的記錄，並在詹姆斯的名字前打了個勾。我看了一眼，下一個電話我要打給住在米爾瓦基的薩拉，她是一個小型食品公司的創始人。調好鬧鐘，讓我繼續埋頭工作吧。

因為我在上午臨時調整了工作列表，於是我比之前下班的時間晚了很多，但我把今天要打的電話都打完了，完成的事情也比之前更多，並且我做到了定時起來活動的目的，還不覺得枯燥。

很快，我養成了這個習慣，只要沒有安排教學和演講，我就會每隔一小時起來打上一兩個電話。而且，我也不會像之前那樣，連續打上一個多小時，弄得自己口乾舌燥。

而且我發現，養成這個習慣並不需要太強的自制力作為支撐，因為這些電話是我必須要打的，只不過我把它們分散了一下，放在不同的時間段裡。我既完成了工作任務，還改掉了「久坐不起」的習慣，讓我的身體得到了定時緩解。

我認為這就是用好習慣替代壞習慣的策略，你也可以試試那麼去做。暢銷書《習慣的力量》的作者傑克·霍吉也向大家推薦過這個策略，他成功地用嗑瓜子來替代吸菸的習慣。現在，你也試試看，終結壞習慣，找到好習慣，用自制力作為支撐，二十八天完成替換！

我的壞習慣是：＿＿＿＿＿＿＿＿＿＿＿＿

替代的好習慣：＿＿＿＿＿＿＿＿＿＿＿＿

加油！

養成以後，保持住

我始終會對我的學員提出這個要求：「二十八天習慣養成之後，千萬不要放鬆自己，要把習慣堅持下去。」你可以通過貼標籤、定期讓別人監督等方式，來讓自己保持住習慣。

因為二十八天後你的好習慣已經植入你的潛意識中，你會覺得重複它非常輕鬆、自然，不需要消耗你太多的自制力。在你培養完成它之後，堅持三個月，你會讓它成為身體中堅不可摧的一部分。你甚至不用去想著有這回事，它就會自動跳出來為你「效勞」。

想想看，如果你每隔三個月養成一個十分穩定的好習慣，那麼一年十二個月，你可以養成四個好習慣，而十年下來，你就可以積累四十個好習慣，如果你做到這一點，你的生活狀態將會發生翻天覆地的變化，你將會成為世界上最健康、最成功的人。

在我所知道的人中，「國際銷售界傳奇冠軍」湯姆·霍普金斯是好習慣最多，也是最受益的一個人。

在他剛進入社會的時候，為了謀生，湯姆在建築工地打工，每天扛鋼筋讓他渾身疼痛，他堅信一定會有更好的賺錢方法。在那段時間裡，湯姆開始接觸各種成功學、名人的書籍，他一邊工作一邊養成了閱讀的習慣。這對他幫助很大，因為他知道自己還需要從哪些方面提高自己。

為了改變自己的生活，湯姆開始從事房產銷售的工作，在最開始的歲月裡，他的業績可以用慘不忍睹來形容，半年時間才賺了幾百美金，但這並沒有讓他放棄。他參加了道格拉斯的培訓課程，並大受啟發。他憑著自己的自制力，開始練習改變自己的習慣。這讓他在短短幾年的時間內，就成為銷售界最成功的銷售員。

他創造了銷售界的奇蹟，在一年時間裡賣出三百多套房子，平均一天就賣出一套，他在三年之內賺到了三千多萬美金，不到三十歲就成為了千萬富翁。現在他在全世界各個地方進行銷售培訓，聽眾多達數百萬人。

無論他做什麼，都能成功！

我們來看看湯姆在從事銷售的階段都養成了哪些好的習慣，讓他能迅速脫穎而出：

· 每天五點鐘起床，準備工作

· 吃早餐時讀報、看書

- 每天打一百通電話
- 記住客戶的名字和愛好
- 認真傾聽每一個客戶說的話
- 保持微笑，展現真誠
- 週末鍛鍊身體，保持狀態
- 第一時間回覆客戶的電話和留言
- 每天工作結束寫銷售記錄
- 見客戶前對著鏡子檢查自己的穿著
- 從不遲到和違約
- 定期聯繫老客戶
- 每月和其他行業銷售員聯誼
- 控制自己的脾氣
- 每天都調整自己的情緒
- 給每間待售的房子拍上五十張照片
- 誇獎客戶的眼光

・耐心解決客戶的異議和抱怨
・定期剪指甲和做護膚
・去哪兒都發放精心設計的名片

或許很多銷售員都有一些好的習慣，但湯姆的好習慣有太多了，你會感覺到湯姆每一天的每一個時間段，都有好習慣為他服務，從早到晚。

我相信一些大一點的習慣你肯定注意過，但有的小習慣例如剪指甲之類的，你或許根本從未留意，但湯姆注意到並養成了。這些大大小小的好習慣，「組成」了湯姆，一個充滿熱情且值得信賴的銷售員。

最重要的是，這些好的習慣不僅可以幫助他創造銷售奇蹟，更是在他創立培訓集團，並成為銷售大師後，一樣為他「效勞」。他從未在演講開場時遲到，而且會檢查好自己的形象後上場，並微笑著講完全場，第一時間回應聽眾突然間的發問。這些好習慣就是他身體中的一部分，他離不開它們，它們也離不開湯姆！

真是這樣，例如早起、微笑、健身、社交、溝通、形象、工作等諸多方面的好習慣，無論你做什麼都能幫助到你。如果你有意識地從這些方面入手培養習慣，我相信你做什麼都能成功！

這就是習慣成自然的力量，不斷養成好習慣，清除壞習慣，堅持這個迴圈，在你頭腦中描繪出的美好藍圖，一定可以變成現實。

有效練習6 養成「每天整理文件」的好習慣

一個人可以養成的好習慣有很多，這裡我以「每天整理文件」為例，談談好習慣的養成過程。

1 列出這個好習慣的益處

為什麼要養成這個習慣？你需要理由，也需要動力，列出所有你能想到的理由，寫下來。

比如，整理東西不應該是一個間歇性的習慣。你一定知道，不管是電腦裡的檔案，還是辦公桌上的文件，都需要整理，這有助於你提高工作效率。但是，假如你沒有定期整理的習慣，那將是一個浩大的工程，於是你更加不想動手去做，因為那需要消耗大量的時間。所以，每天花一點點時間，把文件整理一下，就可以輕鬆地解決這個問題。這就是養成這個好習慣的益處，也是它的重要性。

2 制訂具體計畫

你告訴自己要養成每天早起的好習慣，這是一個非常模糊的計畫。到底幾點算早起？八點鐘還是九點鐘？不夠具體的計畫，很難想像你能實施下去。你把它換成「我要每天七點鐘起床」或者「我要比現在早起半小時」，這種計畫的效果會更好。

每天整理文件也一樣，你計畫每天在什麼時候、花多少時間、怎樣整理文件？所以，你的計畫可以是這樣的：每天下班之前，花五分鐘時間，把桌子上今天新增的文件分門別類歸檔。在電腦上建立一個資料夾，把每天所有下載的軟體、收到的檔案、新增的文檔等，都放在這個資料夾裡，下班之前刪除不需要留著的檔案、把每一份檔案準確地編號命名，方便以後查找，同時還要整理電子信箱……

我相信這樣具體的計畫，執行起來會更有效。

3 堅持二十八天「無一例外」原則

堅持二十八天，通常就能幫你把這個好習慣固定下來了。在這個過程中，你可以給自己製作一份習慣記錄表格，也可以選擇一款好的記錄工具，我希望上面的每一天，你都無一例外地堅持了好習慣。就算你今天沒什麼文件好整理，也要把電子信箱裡的廣告郵件清理掉，這就是「無一例外」。

在這個過程中，你可以把監督員、「IDR」對策、獎懲措施等方法結合起來使用。比如，可以讓親人或朋友不定期地詢問你「今天你整理文件了嗎」，你要足夠誠實地回答，如果沒有，就要有相應的懲罰措施。當你有「算了吧，明天再一起整理吧，工作量不會太大」這樣的念頭一旦冒出來，馬上就要制止它，想像自己文件怎麼找都找不到時焦急的樣子，想像你浪費了多少時間在上面，然後馬上行動起來。

如果有一天你忘了整理，那麼之前的天數都要清零，從第二天開始，你要重新計算週期。

第七章

使用自制力，開啟新的人生體驗

打造一份署名為你的計畫書

我的學員蘇珊，在幫助她鍛鍊自制力之前，她的生活可以用「無欲無求」來形容，打打零工賺點錢，不會去想著未來會怎樣。就像一艘漫無目的漂浮在海上的小船，她不知道自己從哪裡出發，要航向哪裡，所以她的自制力會長期停留在特別弱的狀態。

在我幫她培養自制力之前，我已經認識到了這個問題。我必須先要幫她找到生活的目標，這會給她帶來改變的渴望。只有明確了航線，人生的小船才能全速前進，否則就會像電影《全面啟動》裡的小陀螺那樣原地打轉。

反過來想，如果你沒有任何渴求，你又需要自制力做什麼呢？

渴求是一種很奇怪的心理，它能激發出人們強大的自制力。而且這種狀態越強烈，你的自制力也會越強大。請記住：你內心裡越是渴望得到的事物，越是能激發你在獲得該事物方面的自制力。這是一條重要的原則，我管它叫「渴求原則」，自制力修成的很多要訣和練習，都是根據這條原則而制訂的。

所以，在打造這份署名為你的計畫之前，我想先問問你：「你的人生有什麼追求？有方向或者目標嗎？」如果沒有，那麼這份計畫是毫無意義的。

顯然，蘇珊的人生沒有追求，我要先幫她找到夢想。雖然夢想看起來很遙遠，你根本不知道能不能實現，但所有的一切就從這裡出發，你至少要給自己一個起點。你必須找到自己熱愛的事情，事關自己人生意義和人生價值的事。心理醫師克利斯汀（Kenneth W. Christian）認為：「唯有如此重要的事，才值得你付出所有努力，即使失敗了也在所不惜。」

我和蘇珊聊天，問她心裡真正渴望的是什麼，她說自己也不清楚，現在這樣自由自在的狀態就很好。我問蘇珊：「仔細想想看，做哪些事的時候會讓妳有成就感或者幸福感？比如，當你們告訴我說自己的自制力又提升了，我會特別開心。妳呢？是給顧客端上咖啡他們說謝謝的時候，是穿上漂亮裙子被搭訕的時候，還是幫助了別人以後？」

看她還是一臉迷茫，我繼續問她：「如果現在我是上帝，妳想做的任何事情我都能讓它成功，那麼妳最想做什麼？」

就這樣一點一點地引導，終於，蘇珊說：「我喜歡製作小工藝品，好像我還挺有天分的，朋友們都很喜歡。我送給他們的時候，感到很開心。」

「很好蘇珊，那麼想想看，假如有一天，妳設計的小工藝品銷售到了全世界，名人也戴著它去參加活動。大家都很喜歡它們，感謝妳為他們的生活帶來了如此美好的藝術品。妳會開心嗎？」

蘇珊的眼睛亮了起來：「當然了！可是，誰會買這些小玩意兒呢？我又不是著名設計師。」她馬上否定了這個可能，但我能看到，這個場景很吸引她。

於是我鼓勵蘇珊：「我們來試一試好不好？就當是在進行自制力練習。我們一起制訂一份計畫，然後妳嚴格地按照計畫執行，我來監督妳，這個過程中妳的自制力一定會提高。最後就算沒有結果也沒關係，至少妳提高了自制力。」蘇珊答應了。

我們一起制訂了下面這份簡單的計畫，大綱是這樣的。

收集圖片。製作手工藝品，並且請求朋友們幫忙，把自己送給他們的禮物拍成漂亮的照片發給自己。

開始銷售。把這些手工藝品放在一些商店寄賣，並且接受客戶預訂；同時也把這些圖片放在購物網站上銷售。

其他途徑。把這些圖片發給飾品公司。

蘇珊鄭重地在計畫書上簽上了名字。在我的督促下，蘇珊勤快地動手開始做。雖然一週以後她才在購物網站上賣出了第一件飾品，但她非常開心。在這個過程中，她表現出了極強的自制力，沒有這種自制力，我相信她很難堅持到把第一件飾品賣出去。現在，蘇珊已經成為了一名小有名氣的獨立設計師，正在註冊自己的品牌，每天忙得不可開交，我上一次見到她，發現她整個人都變有朝氣和自信了許多。

我的另一名學員科瑞恩，今年三十二歲，已經取得了建築師執照。他有著非常明確的人生目標——成為頂級建築師！所以他的計畫製作起來很容易：

三十三歲，要設計出能夠吸引媒體目光的建築；三十五歲，成立自己的建築師事務所；三十六歲，獲得至少一個建築獎項；三十七歲，在全國建築競賽中拿到名次；三十八歲，在紐約成立分公司；四十歲，在歐洲成立辦公室。

有了計畫，關鍵是執行，運用你的自制力，監督自己去執行。船王哈利曾對他的兒子說過這樣一句話：「你以為你走進賭場是為了贏誰？你要先贏你自己！控制住你自己，你才能做天下真正的贏家。」

就是這樣。

實現一個現在就能實現的願望

我聽說，醫學生中流傳著一個笑話：「誰診斷肺炎更準確，是手執聽診器的威廉·奧斯勒，還是一臺X光機？」雖然這是調侃威廉·奧斯勒（Sir William Osler,1849－1919）的話，但你可以看到，他一定是個了不起的人物。

威廉·奧斯勒，一位加拿大醫學家，牛津大學醫學院的欽定講座教授，也是創建霍普金斯大學醫學院的「四位創始教授」之一，被稱為北美「現代醫學之父」。今天我要講的，是他年少時候的一個故事。

一八七一年，奧斯勒二十二歲，正在和大部分年輕人一樣為自己的未來煩惱。其實早在四年前，十八歲的奧斯勒還在多倫多三一學院主修神學，但他發現自己不喜歡這個專業，第二年他轉入多倫多醫學院就讀。兩年以後，又轉入麥吉爾大學醫學院學習。這裡的學習條件更好，但課程壓力也更大。跟很多年輕人一樣，奧斯勒迷茫了。

他不知道自己的未來在哪裡，他懷疑自己不能通過期末考試，他不知道自己能不能創造偉大的事業，他想像不到畢業以後是自己創業還是去找個工作。在各種各樣的迷茫和壓力下，無意中，他翻開了哲學家湯瑪斯・卡萊爾（Thomas Carlyle）的一本書，其中的一句話讓他眼睛亮了起來：「**首要之務，不是著眼於既不可追又不可及的過去與未來，而是做好清清楚楚擺在手邊的事情。**（Our main business is not to see what lies dimly at a distance, but to do what lies clearly at hand.）」

正是這句話，讓奧斯勒一下子醒悟了。他是一名自制力相當強的人，明白這個道理以後，馬上拋棄對明天的不安和恐懼，把全部的心力都投入在了學習上。在他看來，這正是自己以後取得所有成就的祕訣。

我不是讓你放棄明天，我沒有忘記，剛剛讓你打造過一份署名為你的計畫書。我只是說，計畫和夢想要有，但與此同時，也要做一些容易實現的事，一些你本來可以現在做但總是被推給以後的事。

比如，一位女學員告訴我她自己的夢想：「等我賺夠了錢，就提前退休，去一個漂亮的海島，種一些漂亮的花草，每天游泳、做瑜珈、彈鋼琴、畫畫。」她還給我看社交平臺上別人發的在海邊練瑜珈的照片，她說那就是她想要的未來。

我聽完以後問她：「可是，親愛的女士，我認為妳夢想要做的所有事情，現在都可以做到啊，我看不出來妳有什麼必要等到提前退休才可以去做。」

她跟我們很多人一樣，犯了一種名叫「迷戀重大改變」的毛病。所以我們總是會說，等我結婚了就按時回家吃飯，等我換了一份工作一定要努力，等我有錢了一定要買更有品位的傢俱……可是你明明現在就可以做到的，為什麼要等那個不知道什麼時候會出現的重大改變呢？

湯瑪斯．卡萊爾說的一點也沒錯，改變是從當下開始的。也許只是一些微小的改變，比如每天早起十分鐘，比如今天就開始去健身，也可以讓我們變得越來越好。

兩個月以後，那位女學員告訴我，她聽了我的話以後，對自己曾經的想法感到很慚愧。現在她已經在練習瑜珈，每天堅持抽出一個小時，也已經在門前的草坪上撒下了金盞花種子。雖然她沒有「賺夠錢提前退休」，但「練瑜珈」、「種花草」卻是現在就可以去做的，是馬上就能實現的願望。

我非常高興地看到，她在立刻行動起來實現願望的過程中，收獲了更強的自制力，因為她告訴我：「我現在經常會提醒自己，那些我打算等到以後去做的事情，是真的必須要等待嗎？還是我只是習慣了拖延？如果不是，我會現在馬上去做，我發現自己的自制力變強了。」

真的是這樣，**你不一定要等到某個重大的改變來臨，就從這一刻開始，實現一個馬上可以實施的願望，你會發現，那些很容易實現的願望，同樣能拯救我們的人生。**一旦我們從這些微小的改變中嘗到甜頭，就會更真切地明白，我們需要用遠大的目標刺激自己，但更需要在每一天的改變中，明白自己可以為生活做點什麼。

培養一個「贏的」習慣

我是一個喜歡贏的人，我不會說「只要臺下有一個人，我也要用心演講」，我要讓自己演講的時候，臺下坐滿了人，甚至連通道上也站著聽眾，他們為我的演講激動、喝彩，並且告訴我因為我的演講，他們的人生發生了巨大的改變，這才是我想要的！結果呢？事實上，就像卡內基的那句名言一樣：「我想贏，我一定能贏，結果我又贏了。」

我認識的很多演講家，比如 Nick Vujicic、Tony Robbins、Deepak Chopra、Wayne Dyer 等，他們都是成功的人，也都是有贏的習慣的人！

我所崇拜的喬治．巴頓將軍，也是這樣一個人，他是美國陸軍四星上將，第二次世界大戰中最著名的軍事將領，美國人的民族英雄。

「一品脫的汗水能拯救一加侖的獻血！」你還記得巴頓將軍的這句名言嗎？每當我困頓時，我都會翻開手邊的《巴頓將軍傳》，從他的語錄中獲得力量。我還喜歡他在演講時說的這句話：「我不想收到電報，說什麼『我們正在堅守陣地』。我們不堅守任何陣地，讓德國鬼子們去堅守陣地！」

在凡爾登戰役前夕，巴頓將軍為將軍們做了特別的戰前動員，其中有一段話是這樣說的：「有人說我爭強好勝，這個評價恰如其分。因為我是美國人，我們美國人就是個爭強好勝的民族。我對任何事情都好勝，都願下賭注。我們參加的是一場有史以來最激烈的競爭。你們要同其他美國人和同盟國的軍隊競爭，去贏得最偉大的榮譽，那就是勝利！最先取得勝利的人，也就是贏得榮譽的人。永遠不要忘掉這一點！」他贏得了熱烈的掌聲。

我相信，只有一個把贏當成習慣的人，才會說出這樣的話。

想想柯比．布萊恩說的那句：「總是有一個人要贏的，那個人為什麼不是我呢？」再想想希拉蕊的競選宣言：「我在這裡，是要贏的。」他們都是習慣贏的人。人生來不是被打敗的，對嗎？

今天你的設計圖成功地讓客戶認可，你贏了；和吝嗇的上司談判加薪，他做出了讓步，你贏了；你正在減肥，在朋友請吃大餐的誘惑下，你選擇回家吃蔬菜沙拉，這也是你贏了……不管什麼時候，什麼事情，強烈的求勝意志能帶給我們強烈的自制力，強烈的自制力能帶給我們贏的結果。

很難做到嗎？那是當然的，但是，在你身邊的人「試圖」贏的時候，你告訴自己「必須」贏，你付出的努力和自制力是不同的，用一定要贏的強勢心態去做事情，你贏的可能性也就更大。

在你努力培養「贏」的習慣時，你要額外注意一點：遠離那些習慣輸的人。他們和誘惑、干擾一樣，會對你的自制力造成極大的傷害，我管他們叫做「自制力殺手」。

在實際生活中，你的身邊一定會有這樣的人，他們已經接受了自己是個 Loser 的現實，放棄了努力。同時他們還在向你不斷傳遞著一些負面的情緒，這些情緒會對你的心理產生潛移默化的影響，你很容易被別人所影響到。

有的人會說，我有自制力，我有自己的目標，我要贏，我不會被它們所影響。你確定嗎？當這些習慣了輸，並且想要告訴你輸是很正常的，「自制力殺手」正在靠近你的時候，它們極有可能會影響到你贏的決心。

例如你正在努力地擴大自己的銷售業績，你的同事突然垂頭喪氣地和你說：「嘿，夥計，我真的不想幹了，我的妹夫現在自己開了個速食店，一年賺了十幾萬美金呢！」你看著同事那副喪氣的表情，你的心裡在想什麼？你或許會想：「是啊，我得再拓展多少個客戶，談成多少合約，才能賺那麼多啊，唉！。」接下來，你會寢食難安，你會成天琢磨做什麼能賺大錢，而「擴大銷售業績」這件事逐漸被你忽略了。

再比如你正在積極地做著儲蓄計畫，你的朋友凱倫過來一邊抽菸一邊訴說生活的種種痛苦，她說動了你，你有一種感同身受的感覺，隨之情緒也變得低落。於是，你的潛意識裡會產生一種想法：遠離痛苦，讓自己快樂起來。你開始尋找快樂的「良藥」，根據你的經驗，購物和享樂確實能讓人遠離痛苦，於是你終止了儲蓄的計畫，或減少了儲蓄。

當然，這麼容易被影響，說明你本來就沒有想贏的習慣，也沒有強烈的贏的欲望。通常，你有多想贏，就有多強的自制力，你也就能達到相應的高度。

最後，請記住這句話吧：「我在這裡，是要贏的！我做的一切事情，不是為了輸才做的！」

那是你一直夢想去做的事情嗎

有一位澳洲的小夥子力克．胡哲，他生下來就患有「海豹肢症」——沒有手和腳，是的，他沒有四肢。在十歲前他曾試圖自殺過三次，但慶幸的是，他被及時發現並被救了下來。當他十歲時，他給自己找到了人生的信念——「要為自己的快樂負責」。於是，他為了這個信念而發生改變，他成為了學生會主席，學習各種生活和運動技能。後來，他把夢想變成了「激勵別人」，到世界各地進行過一千多場演講，並出版了自己的圖書和光碟，影響人數超過五億人。

為什麼夢想的力量如此巨大？

這是因為，夢想會給你堅定的信念。當你有了信念之後，精神世界就會充實，你會從其中得到支撐你的能量，你的自制力也會隨之提高。同時，你的意識焦點也會更集中、目標也更清晰，行動起來也更有主動性，而且不會輕易受到外界的干擾和誘惑。

在一次家庭聚會時，我碰到了漢克，他是我的姊夫。我們多年未見，於是找了個安靜的地方一邊喝啤酒一邊聊天敘舊。我們從鄰里的趣事聊到最近的總統大選，天南海北一通閒聊。後來，我們聊到了工作，我給他講了自己的研究方向和訓練課的事。

漢克一邊聽我說，一邊喝著啤酒，突然目光閃爍地問我：「嘿，夥計，你相信目標或是說信念的力量嗎？」

「當然，我十分相信，我認為它可以提高人的自制力，可以幫助人實現自己不敢想像的夢想。」

「太對了！我給你講一件事吧，這件事發生在我的身上。」

「哦？不會是又一個『少年派』（來自一部由同名小說改編的電影《少年Pi的奇幻漂流》）吧？哈哈。」我和漢克開了個玩笑。

「哈哈哈，不是。那是一年前我在阿曼蘇丹國出差時發生的事情，但還不足以拍成一部電影。」漢克微笑著說。

「OK，我準備好好聽一下。」我舉起啤酒向他示意，我做好傾聽的準備了。

漢克開始講述自己的經歷：「就在去年，我剛剛搬到馬斯喀特（阿曼首都），就租了一輛車。海灣處的交通很糟糕——馬斯喀特的六條高速公路亂作一團，人們開車很瘋狂。這讓我很吃驚！

「那天我去銀行開設一個帳戶。我有一張另外一家銀行的支票需要去兌現。我知道這個銀行在城市的另一邊，我詢問去這個銀行的路線，他們告訴我走這條路，然後右轉，朝相反的方向，然後再左轉……他們說的可能是阿拉伯語，我一句也聽不懂，我開始陷入絕望的深淵。

「回到車上，我深吸一口氣。我必須找到那家銀行，因為我需要那筆錢。周圍沒有人能幫我。所以我深吸一口氣並對自己說：發動引擎，開始出發，隨便走一條路，隨便朝哪轉彎，抱有信念，十五分鐘之內你的車就能停在那家銀行門前。

「我開始開車，讓自己保持冷靜並且集中注意力在『我能成功』上，我暗示自己：這只是小菜一碟！我有些時候也會陷入絕望情緒，但是我轉回神，保持微笑，唱著歌，並且欣賞這美麗的城市和旁邊開過的炫酷汽車。

「你猜怎樣？正好十五分鐘，我將車子停在了那家銀行門口，一分鐘都不差！」

漢克喝了口啤酒，接著說：「我相信這就是信念的力量。你確定目標，然後你所要做的一切就是享受過程。因為只要你有信心，你就會達到目標。這就像是乘坐計程車，要去某個地方，甚至知道路上會有交通阻塞和公路建設，但你都會到達你要去的地方。你相信我說的嗎？」

我點了點頭，「這真是一段有意思的經歷，漢克，我相信你體會到了那種力量，來自信念的力量。你介意我把你的故事和我的學員們分享，或是寫到我的書裡嗎？」

「當然不介意，老夥計，來，乾杯！」

你相信嗎？信念的力量是巨大的，甚至超出我們的想像。我們的生活中會發生很多不可思議的事，雖然過程不一樣，但是溯本求源地講，都離不開信念的力量。在這些信念背後，有些有夢想的支撐，比如力克·胡哲。有些沒有，比如漢克。但不管怎樣，信念都在給我們巨大的力量，包括自制力。

如果你在做一件事情的時候沒有信念，那麼，你可以問問自己：「這到底是我一直夢想去做的事情嗎？如果是，難道我不應該拚命去做嗎？如果不是，那我到底為什麼要做？」我想，弄清楚這個問題的答案，更有助於你的自制力發揮作用。

從宇宙的角度來說，我們每個人都是一個能量源，而開啟能量源的鑰匙就是我們的夢想，以及由此而生的信念。我接觸的人中，有太多的人讓我感到黯淡無光，他們的能量十分微弱，吸引不了任何好的事情發生。

是的，他們的能量還沒有開啟，但是，你呢？

所以我相信，訓練是你提高自制力的有效工具，但至關重要的是，你必須通過夢想和信念來開啟你的能量。當你擁有堅定的、正確的信念之後，你會感到自己充滿能量，就像換了一個人一樣，好事自然發生！

讓你的行動上一個等級

《80／20法則》的作者李察．柯克曾經一針見血地指出：「每一股力量，無論是一種產品、一家公司、一支新組建的搖滾樂隊，或是像慢跑、溜冰等新的生活方式，當達到某一時刻後，都難以取得進一步的發展。人們會有很長一段時間大量的付出，但收益卻甚小，以至於人們選擇了放棄。但如果這股力量能夠堅持下去，並超越這一根無形的線，付出將會得到驚人的回報！這條無形的線就是臨界點！」

這種感覺就像我所持有的AAPL（蘋果公司的股票縮寫），在二〇〇八年前，AAPL的股價升到了二百美元左右的高位上，然後回落到底部，並在底部徘徊了一年多時間，而隨著公司業績轉好和新產品的推出，該股票一鼓作氣突破了二百美元的前期最高點，之後一路向上，甚至翻了三倍多。

對於這檔股票來說，之前的臨界點就是二百美元，一旦突破就會不斷向上刷新紀錄，直到新的臨界點產生。

想想看，二〇〇八年前，二百美元的歷史階段高價給這檔股票構成了極大的壓力，從專業術語上來講，這就是一個「壓力線」。所以，股票的臨界點就是歷史形成的「壓力線」。很多人曾經斷言，二百美元是一個巨大的泡沫，但事實並非如此，未來也不能下定論。

對於我們每個人來講，你之前通過努力而實現的某種成功，你的巔峰狀態，就是你的臨界點，也是你的「壓力線」。你會在形成「壓力線」後的一段時間內，反覆做出努力，卻無法實現突破。

這很好理解，因為你曾經的輝煌，也是你頭腦、知識和自制力所形成的歷史最高點，如果你想突破這個臨界點，你需要做出改變。最重要的一點就是要提升你的自制力，讓你的行動上一個等級。

那麼，為了突破這個臨界點，我們需要對自己下點狠心了。三個簡單的步驟，你做到了，你就可以實現突破。

1 新的目標

想想你原來的「極限」，你的「壓力線」，你只需要給自己提出新的目標，讓你的行動上一個等級的目標。華爾街一位資深的投資人士曾經跟我說過，每一檔股票突破之前的「壓力線」後，主力資金都會根據當時的經濟大環境和公司的經營情況，制訂一個新的目標價位。這雖然有涉嫌操縱股價的嫌疑，但足以說明，人們做什麼事都應該有一個規畫，否則人們努力半天又是為什麼呢？

當你的新目標確定後，你未來的「臨界點」就會形成，但這並沒有關係，因為「臨界點」就是被用來不斷突破的。請你體會意識焦點的微妙變化，你會從過去的「極限」中走出，讓新的目標成為你注意力的焦點，你會開始去琢磨，如何實現這一點。

2 你的準備

為了一次突破「臨界點」，實現我們新的目標，你的準備必不可少。

本書前面部分有很多自制力練習，都可以看作是你的準備工作。當然，這還不夠，你要根據你所指定的目標來準備。

例如你是一個半專業的鼓手，你之前的速度是每分鐘單擊三百下，這已經是你的臨界點了。你新的目標是每分鐘單擊五百下，哇，這個目標提高了不少。那麼你需要做哪些準備呢？那些頂級的鼓手會告訴你，你需要去做以下準備：

．調整你的坐姿
．做好呼吸訓練
．選幾副不錯的鼓棒，選出最適合你的
．鍛鍊你的臂力，提高耐力
．買個拳擊用的速度球，每天都練習
……

你看，這些準備並不是單純地去打鼓，但卻為你行動上一個等級提供了必不可少的支持。

3 孤注一擲

你會花一段時間進行準備，其實這個時候，你的行動已經開始了。你所需要做的就是孤注一擲地行動。想像一下無路可退的感覺，你別無他法的時候，那種狀態才是你最應該要具有的。

克里夫立志成為一名職業作家，但是努力了很長時間後，他發現自己進展緩慢。問題出在了哪裡？克里夫想了想，他每天用於寫作的時間太短，而且多是在晚上，一想到第二天還要早起上班，克里夫很自然地就打起了哈欠，睏意襲來。為了擺脫這種狀態，實現自己的目標，克里夫做了個決定，他辭掉了待遇優厚的工作，開始專心寫作。

他做出這個決定之後，已經沒有其他的選擇，只能在寫作上下功夫了。

結果幾個月的時間，他就寫完了自己的第一本書，並成功出版了。

所以，在你準備突破之前的臨界點之前，請你仔細思考一下，並問自己下面這幾個問題，如果答案都讓你滿意的話，你一定可以成功突破！

問題1：我新的目標是什麼？它是否大幅超越了我的臨界點，能讓我上一個等級？

答案：

問題2：我是否為新目標做好了準備？我都準備了哪些事物？

答案：

問題3：我能否孤注一擲、全情投入地去行動？還有哪些牽絆我未處理？

答案：

為新的人生「化個妝」

我在自己經常去的一家商店觀察到這種畫面，收銀員羅迪是個很聰明的小夥子，排隊結帳的人很多，有的人表情愉快，有的人則心事重重。那些看上去心情不錯的人走到結帳臺前，羅迪很快就能捕捉到這種情緒，還微笑著聊上幾句。而那些情緒不佳的人呢，他們的臉上就好像寫著「情緒糟透了」一樣，羅迪趕緊收起笑容，低著頭一言不發地幫他們結帳。就這樣，羅迪隨著人們的情緒反覆地做出不同的反應，他是被動的，只是為了迎合不同的人。

要知道，我們身邊70％的人都是經常不積極的，缺乏目標，找不到生活的熱情，總是怨天尤人。你是這樣的人嗎？如果答案是「是的」，那麼，從這一分這一秒起，你要開始新的人生，你要為以後新的人生「化個妝」。

有一位曾經在FBI工作了六年的人像畫師，做過一個有趣的實驗，他邀請了一批志願者，他不認識這些人，他們之間就像我跟你一樣陌生。你不知道我到底是一名成功的自制力培訓師，還是商業區裡在馬路邊上閒逛的流浪漢。

他做的實驗是，找了一道屏障，把自己和志願者隔開，他們誰也看不到誰。然後，他讓這些志願者一個接著一個地坐在屏障後面，描述自己的容貌，然後畫師根據他們的描述給他們畫了一幅肖像畫。

完成以後，他又做了一件事情，讓這些志願者請來自己的朋友或同學、同事，總之是一些經常見到的人。然後他請這些人描述志願者的相貌，當然他們也可以講講在自己心中這個人的形象。根據這些人的描述，他為他們畫了第二張肖像畫。

把前後兩幅畫放在一起對比，他發現了一件有趣的事：第二幅畫比第一幅不僅要英俊或者美麗很多，而且，面部的表情也更加自信、友善，無一例外。

那些志願者看到前後兩幅畫以後，都感覺非常驚訝。原來，你遠比自己認為得更優秀。你原本應該更樂觀、更積極地面對一切。可你並不知道，你總是忽略了這一事實。

在新的人生裡，讓我們記住這一事實吧。然後用你的自制力，給自己一副新的面孔，愉快、熱情，最好還帶著迷人的微笑。反正，不管你是哭著還是笑著，要做的事情都得去做。

十六歲那年，我被要求教七歲的妹妹學游泳，老實說我才不願意花時間在那個哭哭啼啼的小女孩身上，她根本不該跳進水裡。我花了半天時間，自己從游泳池邊跳進泳池裡無數次，告訴她這是很安全的，不用害怕，可是根本無法讓她克服恐懼。

我簡直要放棄了，她就是一個膽小鬼。我決定強迫她跳下去，但她根本不理會我說什麼，只是一個勁兒地哭喊著：「我害怕！」我甚至打算從背後把她推下水了。

這時候，年邁的伊蒂絲阿姨走過來了，她已經從窗戶裡看了我們好一會兒，她一邊把妹妹的小手握成拳頭舉起來，一邊慢悠悠地跟妹妹說：「親愛的，那就先害怕一會兒吧，然後鼓足勇氣、硬起頭皮去跳！」沒想到，妹妹不哭了，緊緊攥著拳頭。過了一會兒，她閉著眼睛跳進了水裡。

這是很多年前的事情了，我至今還記得很清楚。它讓我明白了，你可以害怕，害怕也沒關係，重要的是害怕以後要勇敢行動。

和不敢跳進水中的妹妹一樣，我們總會有一些害怕的事情，或者不喜歡的事情，可我們必須去做。有些人會一邊抱怨一邊去做，有些人一聲不吭草草了事，也許你就是那麼做的。但在新的人生裡，那是你需要屏棄的態度。

需要注意的是，在你身邊，有很多朋友覺得你自信、聰明、漂亮，但也有一些心態消極的人，往往想方設法地把你拉入他們的「營地」。

我的母親莫妮卡是一個典型心態消極的人，她對於各種負面的消息都十分關注，例如蕭條的經濟、失業率、犯罪、災害等等，她寧肯在家裡坐上一星期，也不願意走出家門，因為她總是覺得外面的世界非常危險。

最要命的在於，她不斷說服我，想讓我也盡量別到處蹓躂。在我大學畢業後，她不止一次地勸說我找一份安穩的工作，結婚生子然後退休，而我的興趣在於如何創造一番事業。

慶幸的是，我沒有被她拉到她的「陣營」裡，我有了自己的公司，買了大房子，連給孩子上大學的錢我都早就準備好了。可是和我一起長大的很多人就沒有那麼幸運了，他們本來才華橫溢，但卻被心態消極的父母、朋友說服，過著安於現狀的日子。

你要記住這一點，和你最接近的人，往往希望讓你的意識觀念和他們一樣，如果他們是積極的人，你就賺了；如果是消極的，那你就要小心了！千萬不要讓自己變得和他們一樣，時刻記得，你的人生需要什麼樣的面貌。

結識你想結識的人

在人際關係理論中，有一個來自數學領域的著名猜想，是哈佛大學社會心理學教授斯坦利·米爾格拉姆提出的，叫做「六度分隔理論」(Six Degrees of Separation)，它認為：你和任何一個陌生人之間所隔的人不會超過六個，也就是說，最多通過六個人你就能夠認識一個陌生人。想要認識美國總統，你也最多只需要通過六個人。這個命題很有趣，好多人都做過實驗，也都得到了驗證。

但是，難道結識自己想結識的人就這麼簡單？NO！絕對不是。為什麼你只需要通過六個人就能認識美國總統卻沒有去認識呢？因為你沒有動手去做。可能是你覺得這樣做沒什麼意義所以沒有嘗試，也可能是，你害怕，不敢去做。

那麼，我想請大家記得英國空降特勤團SAS的格言，這支享譽世界的精英部隊，在他們的徽章上刻著「Who Dares Wins（勇者勝）」。

如果你是雷吉·布希的球迷，在他比賽的現場亢奮地吶喊，留下了很多美好的時刻。

現在我告訴你，想辦法去認識他吧。你會怎麼回答？

如果一個越南男孩，瘋狂迷戀英國的兵工廠球隊，想要認識他們。你認為這個難度有多高？

二〇一三年七月十六日，兵工廠官網的頭條位置，是這樣的一張照片：一位亞洲男子，在大巴上與阿特塔的合影。每個故事都有一個英雄，這個故事的英雄就是那名亞洲男子，兵工廠官網叫他「the Running Man」。故事是這樣的。他是一個越南人。當時兵工廠球隊正在進行他們的亞洲行。到了越南以後，球員們外出旅遊觀光，在越南首都河內的一個著名景點「一柱寺」那裡，兵工廠球隊被球迷認出來了，並且受到了瘋狂的追捧，數百名興奮的越南球迷試圖追趕球隊的大巴。

照片上的這名男子，就是其中一位球迷。車開得並不慢，很多人追了一段也就放棄了。但這個二十歲左右的男孩不一樣，在球員們乘坐的大巴離開景點以後，他仍然追著大巴車奔跑，一邊跑一邊衝車內的球星微笑，向他們揮手致意，朝他們豎起大拇指讚美。

不知道摔倒了多少次，還撞到過路邊的樹木，撞到過電線桿，但他都沒有停下來。在這個奔跑──摔倒──爬起來──微笑──繼續奔跑的過程中，車內球星們的態度變了，他們對這個小夥子肅然起敬，所有球員都跑向車廂那一側，對他唱起了歌：Sign him up!（簽下他！）Sign him up……

在奔跑了五千公尺以後，他看起來很累了，但他仍然沒有停下來，而是換騎機車，終於追上了球隊的大巴，並且破例被教練溫格允許登上大巴，他贏得了偶像們的掌聲，得到了和偶像零距離接觸並且合影的機會。

「當我第一眼看到他時，我想，我愛上他了。」溫格絲毫不掩飾對這個亞洲男子的喜愛，「他真的很持久，而且是在速度那麼快的狀態下，換成其他人，可能早就放棄了！」「這足以看出他的體力之好，並且能在高速運動狀態下把技術運用得恰到好處，這正是我想要的！」

就這樣，這位「奔跑者」結識了自己想要結識的人。

故事還沒有結束。二〇一三年七月十七日，當兵工廠隊和越南隊一同出現在綠茵球場時，這位「Running Man」居然獲得了與兵工廠球星一起出場的機會。他不僅參加了雙方球員例行的握手儀式，還獲得了溫格贈送的機票、球票和飯店住宿待遇。對一個球迷來說，這是作夢都不敢想像的禮遇！

當前鋒吉魯把這段過程的影片放在社交網路上以後，所有人都為他喝彩，全世界的人都驚嘆：「這個小夥子太幸運了！」

真的是他幸運嗎？我肯定不會這樣認為。一開始和他奔跑的人有上百個，但跑了五千公尺的只有他一個。可能這樣的舉動很瘋狂，可是誰知道呢，上帝就是偏愛那些拚了命瘋狂奔跑的人。

所以，想要結識你想結識的人卻覺得遙不可及嗎？那是因為，你只是一名觀望者（Watching Man），而不是一名奔跑者。

結識你想要結識的人，要勇敢地奔跑起來。即便沒有奔跑，至少你也得邁開腳步。否則，你怎麼可能離他或她更近呢？不管你想結識的人和你差距有多大，距離你有多遠，只要你勇敢邁出第一步，那就有成功的希望。

不管是通過聚會、典禮、會議、旅遊、社交網站，還是請身邊的親朋好友幫忙，你要充分利用一切資源，運用你的自制力，別後退，勇敢去實現你的願望。

我的學員裡，有人成功認識了入職八年都沒見過的公司總裁；有人收到了安．海瑟薇的回信，雖然有可能是助理寫的；還有人終於見到了仰慕已久的約翰．伯格……我為他們每一個人感到高興。你呢？我很期待聽到你的故事，並且分享你的喜悅。

遠離讓你尷尬的臃腫身材

我觀察到，每次在海灘，看到中年人臃腫的身材，年輕人的表情大都是不屑加同情。他們一定在想，一個人要怎樣墮落才允許自己胖成那樣。

也許有一天，他們自己也會胖成那樣，現在他們那麼年輕，還不需要為尷尬的臃腫身材煩惱。而你，如果你已經胖成那樣，或者有那樣的趨勢，從現在開始就要用你的自制力遠離那些肥肉。誰都知道，想要減肥只需要少吃多運動，但關鍵是你沒有自制力，要麼減不掉，要麼不斷反彈。

我的一名學員克勞瑞絲已經減肥成功三四次了，你懂的，她總是瘦下去又胖回來，她認為這是一種宿命。可我不認為她應該是這樣的命運，她只是自制力不夠。任何改變如果沒有來自於內心堅定的願望和自制力，通常都不會持久。我為她制訂了一套六十天的減肥計畫，使用了前面介紹的一些原則，幫助她提高了減肥的自制力。過程是這樣的。

1 改變焦點，形成圖像（三天）

在一開始的階段中，我用了幾天時間和克勞瑞絲進行溝通，我們做了一些練習，把她的注意力焦點放在了「我如何才能成功減肥」上，當然，我希望她盡量不要去想上一次減肥的經歷，因為那樣她的潛意識會阻礙她進行這一次減肥的計畫。

我們一起探索了未來想要到達的目的地，克勞瑞絲在一張紙上寫下如下內容。

我的出發地：克勞瑞絲，七月二十六日，體重八十一公斤。

我的目的地：克勞瑞絲，六十天後，九月二十五日，體重七十公斤。

我將不用再去訂製大號女裝，我可以到商店購買衣服。

我將不會上個樓梯都要大口喘氣，我可以參加各種活動。

我會開始一段戀情，找到一個愛我的男人，並生活在一起。

我讓克勞瑞絲照著這個又寫了幾份，然後叮囑她分別放在自己的錢包裡、鏡框邊和自家的餐桌上。然後我建議她按照健身教練的指導開始進行減肥訓練，並把自己寫的一份計畫交給教練。

2 權衡利弊，取消許可（十二天）

在這一階段，訓練的重點在於讓克勞瑞絲適應減肥的初步訓練，並開始遠離美食的誘惑和惰性的干擾。我讓她在每一次自制力遇到衝擊的時候，就進行權衡利弊的練習，逐漸地，她會從心理上取消對自己的許可。

對於抵制美食的誘惑，克勞瑞絲給我發來了她的思考過程。

短期損失：我將不能嘗到巧克力、烤雞和油炸食品的味道。

短期收益：我可以省下一筆錢，還可以鍛鍊我的自律性。

長期損失：我將有可能和美食相隔很長時間。

長期收益：我能讓自己實現減肥的目標，並擺脫對垃圾食品的依賴。

這個階段，她成功減掉了兩公斤贅肉，我相信她看到了勝利的曙光。

3 加大強度，「身心合一」（二十五天）

這是一個非常關鍵的階段，因為在這個階段裡，我希望克勞瑞絲可以成功減掉四公斤左右的贅肉。所以，我對她提出了「制約」的要求，讓她把自己所有大號尺寸的衣服統統扔掉，只留一身運動服。

同時，健身教練幫助克勞瑞絲加大了運動量，我們一起不斷鼓勵她。結果是，這個階段的最後，她減掉了五公斤。

另外在這個階段，我推薦她看了克里斯汀．貝爾主演的《克里斯汀貝爾之黑暗時刻》，這部電影不光情節相當精彩，最重要的是，主演克里斯汀為了這部電影，在兩週時間內瘦了將近二十五公斤（相當於他三分之一的體重），成為世界電影史上的一段佳話。

4 精神刺激，堅持到底（二十天）

克勞瑞絲在前三個階段已經減掉了七公斤，現在的目標就是在二十天之內減掉四公斤，我們為這個目標而做衝刺。我知道，在經過之前二十五天逐級加大強度的訓練後，克勞瑞絲處於一種疲憊的狀態，這個時候我需要為她做一些精神刺激了。

我知道這樣做很考驗她的自尊心，但是我還是在這個階段的開始，和她見了次面。我對她之前的努力給了很大的肯定：「妳做得太棒了，克勞瑞絲！」她也很是高興。然後我轉移了話題：「克勞瑞絲，我想知道，有沒有因為妳的體重，別人說過一些讓妳很難堪的話？當然，妳有權利不告訴我。」

克勞瑞絲猶豫了一會兒，但還是說了。她一邊回憶，一邊說出那些曾經深深刺痛她的話，我在一旁做了記錄。等她說完，我把我做的記錄遞給她，只對她說了一句話：「當妳疲憊時，不妨看下這個，然後當妳減掉最後的四公斤時，請把這張紙燒掉。」

十三天之後，克勞瑞絲就燒掉了這張傷害她自尊的紙——她到達了目的地！

當然，她並沒有放鬆對自己的要求，在那一年冬天的時候，她已經減到了六十公斤以下，她開始更有自信地參加各種社交活動。很多英俊的小夥子都在追求她！

你瞧，克勞瑞絲做到了，在減掉贅肉的同時增強了自制力，這是一件多麼一舉兩得的事情！你呢？我期待著你的好消息。

有效練習7 保持你的自制力

沒有一種成功不是因為堅持。當你的自制力達到一定高度的時候，你需要讓自己保持住，需要保護好它。

一旦你發現自己的自制力有減弱的趨勢，你應該怎麼辦呢？就像運動一樣，加大你的訓練強度，讓肌肉再次發達起來！

所以，我建議你每週進行一次小結，這裡我給你提供五項內容，你可以對照它們檢驗自己的自制力，並且隨時鞏固它們。

1 堅定目標的自制力

問題：現在，我有沒有因為困難退縮的念頭？我有沒有受到別人的消極影響？

訓練方法：權衡利弊、「精神刺激法」、角色扮演遊戲。

2 控制衝動的自制力

問題：我這週有沒有做過讓自己後悔的事情？

訓練方法：心理暗示、放慢速度、沉默規避。

3 保持激情的自制力

問題：我現在的狀態是充滿了熱情、動力十足嗎？

訓練方法：微笑練習、讚美練習、自勵練習。

4 規避干擾的自制力

問題：我這週有沒有出現拖延或者注意力不集中的情況？

訓練方法：建立「制約機制」、拒絕心理許可、緊迫感練習。

5 排除負面情緒的自制力

問題：我有沒有頻繁出現負面情緒並且不能很快走出來？

訓練方法：樂觀聯想練習、轉移注意力練習、消極念頭轉換練習。

後記

擁有自制力，掌握自己的人生

就在這本書即將完成的時候，我接到了法蘭克・羅賓的電話，他是我的學員，一位房仲業務，他激動地告訴我，在參加了自制力訓練後，自己的收入在一年內翻了三倍！

法蘭克堅信自己的使命是「做北美口碑最好的房仲」，但他在過去的一年裡遇到了職業瓶頸，每個季度平均可以賣出二十套房子，再也沒有提升。為了讓他實現自己的夢想，我重新幫助他制訂了計畫，我告訴法蘭克，要把注意力從「做買賣」變成「樹立自己的口碑和品牌」，他開始朝著這個正確的方向行動。

在這個過程中，法蘭克變得很積極，在幾個月之內，他反覆透過湯姆・霍普金斯、喬・吉拉德等推銷大師的書籍和錄影帶學習，感知他們的思考、說話、辦事方式，並在工作時把自己假想成那些大師，「複製」他們的好習慣和做法。

他還清算了自己的資源，重新整理自己的形象！一個更專業、更熱情，為了幫助別人實現幸福而奮鬥的房仲法蘭克出現了！

在隨後的一年裡，他保持在每個月售出六七套房產的狀態，最好的時候，他甚至賣出了十套！不到一年時間，他的收入翻了三倍多，成為了全公司的「明星」！

他打來電話向我表示感謝，和我分享他的喜悅。這是我職業生涯中最讓人興奮的時刻，我又幫助一個人掌控了自己的人生，還能有比這更美妙的事情嗎？

你也可以的，我相信每一個人都可以擁有強大的自制力。在這本書裡，我講授了很多原理和練習，為的就是讓你學會征服自己的惰性，你還記得它們嗎？

我相信，只要將這些練習付諸行動，很快你就可以體會到那種久違的征服感，你的身心會發生積極的變化，你會以全新的自己出現在眾人面前。

但這只是你全新的開始，而未知的世界還需要你去征服。你要懂得一點，夢想和信念是你最好的精神力量，使命也是你的動力來源，它們都能對你的自制力起到決定性的影響。我甚至可以斷言，你能走到哪裡，取決於你是否擁有夢想，並明確你的使命。

最後，我衷心希望你能成為下一個法蘭克，不，應該說，你會成為能夠掌控自己人生的你，一個更棒的你！那將是我最樂於見到的事情。

國家圖書館出版品預行編目（CIP）資料

你不是迷茫，而是自制力不強 / 菲爾圖著. -- 初版. --
新北市：晶冠, 2021.06
面； 公分. --（智慧菁典系列；21）

ISBN 978-986-06586-1-3(平裝)

1. 成功法 2. 生活指導

177.2 110007882

智慧菁典 21

你不是迷茫，而是自制力不強

作　　者　菲爾圖
行政總編　方柏霖
責任編輯　王逸琦
封面設計　柯俊仰
內頁排版　李純菁
出版企劃　晶冠出版有限公司
總 代 理　旭昇圖書有限公司
電　　話　02-2245-1480（代表號）
傳　　真　02-2245-1479
郵政劃撥　12935041 旭昇圖書有限公司
地　　址　235 新北市中和區中山路二段 352 號 2 樓
E-MAIL　s1686688@ms31.hinet.net
旭昇悅讀網　http://ubooks.tw
印　　製　福霖印刷有限公司
定　　價　新台幣 350 元
出版日期　2021 年 06 月 初版一刷
ISBN-13　978-986-06586-1-3

作品名稱：《你不是迷茫，而是自制力不強》
作者：菲爾圖
本書經化學工業出版社有限公司授權，由晶冠出版有限公司出版繁體中文版本。